FICHA CATALOGRÁFICA

(Preparada na Editora)

Pinheiro, Ney da Silva, 1920-

P71p   *Prontuário de André Luiz* / Ney da Silva Pinheiro. Araras, SP, 2ª edição, IDE, 2022.

160 p.

ISBN 978-65-86112-30-6

Índice de Assuntos e de Nomes das Obras de André Luiz (Espírito) recebidas pelos médiuns Francisco Cândido Xavier e Waldo Vieira.

1. Espiritismo. I. Xavier, Francisco Cândido, 1910- 2002 II. Vieira, Waldo, 1932-2015 III. Título.

CDD-133.9

Índices para catálogo sistemático:
1. Espiritismo 133.9

PRONTUÁRIO DE ANDRÉ LUIZ

ISBN 978-65-86112-30-6

2ª edição - julho/2022

Copyright © 1998,
Instituto de Difusão Espírita - IDE

Conselho Editorial:
Doralice Scanavini Volk
Wilson Frungilo Júnior

Produção e Coordenação:
Jairo Lorenzeti

Revisão de texto:
Mariana Frungilo Paraluppi

Capa:
Samuel Carminatti Ferrari

Diagramação:
Maria Isabel Estéfano Rissi

INSTITUTO DE DIFUSÃO ESPÍRITA - IDE
Av. Otto Barreto, 967
CEP 13602-060 - ArarasSP - Brasil
Fone (19) 3543-2400
CNPJ 44.220.10101-43
Inscrição Estadual 182.010.405.118
www.ideeditora.com.br
editorial@ideeditora.com.br

Todos os direitos reservados. Nenhuma parte desta publicação pode ser reproduzida, armazenada ou transmitida, total ou parcialmente, por quaisquer métodos ou processos, sem autorização do detentor do copyright.

NEY DA SILVA PINHEIRO

PRONTUÁRIO DE ANDRÉ LUIZ

Mais de 2.000 temas e assuntos contidos nas obras do Espírito André Luiz, psicografadas por Chico Xavier, abordando a vida no Mundo Espiritual e seu intercâmbio conosco, por meio da mediunidade.

APRESENTAÇÃO

Revelando-nos verdades surpreendentes e manifestando ângulos inusitados da vida, a Obra de André Luiz, tesouro de sabedoria, projeta-se no cenário do pensamento contemporâneo como sublimada revelação científica, filosófica e religiosa, que os Altos Planos da Espiritualidade oferecem aos labores da redenção humana, como contribuição amorável e misericordiosa.

O pensamento espírita identifica na Obra de André Luiz a efetivação, antevista há mais de um século pelo próprio Codificador do Espiritismo, de que novos ensinamentos da Doutrina Espírita seriam revelados pela força incoercível da evolução, tanto quanto comportasse o nosso nível espiritual.

André Luiz impõe-se, cada vez mais, ao conceito de parcela significativa do mundo moderno, desencadeando verdadeira revolução no pensamento do século, quando um mundo novo e arrebatador de ideias desafia a cultura da época. Daí a ciência dita oficial seguir confirmando, com certa discrição, essa mensagem precursora, que se filtra de mais Alto em nosso plano cinzento de vida, limitada apenas, em seu esforço de doação, pela nossa capacidade mental, moral e intelectual.

No contexto da Doutrina Espírita, interpretamos a Obra de André Luiz como autêntica revelação dentro da Revelação, tais as perspectivas que descerra no cenário dos novos tempos, para quem tem "olhos de ver e coração de sentir", dilatando panoramas surpreendentes à ciência, à filosofia e à religião, asfixiadas no reduto estreito de uma ortodoxia pragmática e impenitente, cristalizadas na vulnerabilidade de um dogmatismo intransigente e decadente, e obliteradas por um cientificismo mecanicista rígido e traumatizante, em sua maneira de encarar e entender os fenômenos transcendentais da Vida.

A Obra de André Luiz, pelo seu conteúdo evangélico, pela sua filosofia de vida eterna e pela sua notável contribuição científica, é, por sem dúvida, a mais brilhante manifestação da Doutrina Espírita em seu tríplice aspecto de ciência, filosofia e religião, que nos chega pelos canais vitoriosos da mediunidade com Jesus. Daí não ser possível aos espíritas deixarem de estudá-la à luz da hermenêutica viva das Obras de Allan Kardec e ao influxo da sabedoria evangélica.

O doutor Hernani Guimarães Andrade, um dos mais brilhantes e categorizados estudiosos do Espiritismo pelo seu ângulo científico, referindo-se à realização de André Luiz, com todo o penhor de sua autoridade, escreve: "Como simpatizante da linha científica do Espiritismo, considero a maior contribuição deste século, obtida por via mediúnica, para a solução do problema da natureza do homem, hoje tão focalizada pela Parapsicologia. Fica aqui consignada, a título de registro e endossada por mim, a seguinte previsão: – *As Obras de André Luiz, psicografadas por Francisco Cândido Xavier, serão, futuramente, objeto de estudo sério e efetivo nas maiores universidades do mundo, e consideradas como a mais perfeita informação acerca da natureza do homem e da sua vida após a morte*".

Os livros de André Luiz não devem ser apenas lidos, porém estudados, ponderados e meditados com os olhos da alma e com os pressentimentos sutis da intuição, haurindo-lhes a seiva viva de suas lições, afeiçoando-nos, assim, a padrões singulares de entendimento e de sentimento.

Escreve Emmanuel – eminente Instrutor Espiritual –, prefaciando o primeiro lançamento editorial, pela Federação Espírita Brasileira, da Coleção de André Luiz – o que se aplica a todos que teimam persistir na ignorância dos fatos ou no negativismo obstinado, "flagrante delito de ignorância": "A surpresa, a perplexidade e a dúvida são de todos os aprendizes que ainda não passaram pela lição".

Essa Obra manifesta a voz de Comunidades Espirituais que colaboram diretamente com o Cristo e que se expressam por meio da ação abnegada dos seus prepostos nos planos mais próximos da Crosta, neste crepúsculo doloroso em que se debate a civilização, presente o drama de desventura do homem do século, para que este não se perca na voragem dos seus descaminhos, sem ignorarem essas Comunidades o direito sagrado ao livre-arbítrio da criatura na escolha dos seus destinos, certo, porém, de que "a semeadura é livre, mas a colheita é obrigatória", no justo processo da Lei.

Não poderíamos deixar de registrar aqui a nossa gratidão – presente que "o reconhecimento é a memória dos corações" – a esse admirável vulto humano, austera personificação do pensamento e da moral cristã, autêntico servidor do Cristo, discípulo atento de Allan Kardec – Francisco Cândido Xavier, médium notável, *primus inter pares* – a quem devemos a intermediação, dos planos da luz para as sombras da Terra, dessa extraordinária realização do Espírito de André Luiz.

O nosso reconhecimento ao doutor Hércio Marcos Cintra Arantes, trabalhador infatigável do Movimento Espírita, por cuja intervenção competente este Prontuário tem o seu lançamento editorial efetivado. O nosso apreço queremos extensivo aos demais dirigentes e colaboradores da Causa do Cristo, junto ao benemérito Instituto de Difusão Espírita, da cidade de Araras, em São Paulo.

Este trabalho é endereçado aos estudiosos do Espiritismo, com o propósito de servir, sem veleidades, à Causa, que, antes de tudo, é do Cristo.

Ney da Silva Pinheiro.

Porto Alegre, RS, abril de 1997.

NOTAS IMPORTANTES

As remissões encontradas em cada tema, com vistas ao enriquecimento das consultas a este Prontuário, referem-se a assuntos afins e não, obrigatoriamente, sinônimos.

*

Para consulta, em virtude das várias edições de cada livro, o leitor deverá se pautar apenas pelo número do capítulo indicado em negrito, após abreviatura do livro de referência.

*

Quando constar somente o título do livro, o assunto em questão refere-se à leitura completa da obra.

OBRAS DE ANDRÉ LUIZ PELA
ORDEM CRONOLÓGICA

Edições compulsadas neste trabalho e
respectivas abreviações

1. **NL** *Nosso Lar,* F.C. Xavier, 1943, FEB.
2. **OM** *Os Mensageiros,* F.C. Xavier, 1944, FEB.
3. **ML** *Missionários da Luz,* F.C. Xavier, 1945, FEB.
4. **OVE** *Obreiros da Vida Eterna,* F.C. Xavier, 1946, FEB.
5. **NMM** *No Mundo Maior,* F.C. Xavier, 1947, FEB.
6. **AC** *Agenda Cristã,* F.C. Xavier, 1947, FEB.
7. **LI** *Libertação,* F.C. Xavier, 1949, FEB.
8. **ETC** *Entre a Terra e o Céu,* F.C. Xavier, 1954, FEB.
9. **NDM** *Nos Domínios da Mediunidade,* F.C. Xavier, 1954, FEB.
10. **AR** *Ação e Reação,* F.C. Xavier, 1957, FEB.
11. **EDM** *Evolução em Dois Mundos,* F.C. Xavier e W. Vieira, 1958, FEB.
12. **MM** *Mecanismos da Mediunidade,* F.C. Xavier e W. Vieira, 1959, FEB.
13. **CE** *Conduta Espírita,* W. Vieira, 1960, FEB.
14. **OE** *Opinião Espírita,* F.C. Xavier e W. Vieira, 1963, CEC. (1)
15. **SD** *Sexo e Destino,* F.C. Xavier e W. Vieira, 1963, FEB.
16. **DO** *Desobsessão,* F.C. Xavier e W. Vieira, 1964, FEB.
17. **SA** *Sol nas Almas,* W. Vieira, 1964, CEC.
18. **EV** *Estude e Viva,* F.C. Xavier e W. Vieira, 1965, FEB. (1)
19. **EVC** *E a Vida Continua...,* F.C. Xavier, 1968, FEB.
20. **SV** *Sinal Verde,* F.C. Xavier, 1971, CEC.
21. **RV** *Respostas da Vida,* F.C. Xavier, 1975, IDEAL.
22. **BA** *Busca e Acharás,* F.C. Xavier, 1976, IDEAL. (1)
23. **EP** *Endereços da Paz,* F.C. Xavier, 1982, CEU.
24. **CA** *Cidade no Além,* F.C. Xavier e H.Cunha, 1983, IDE. (2)
25. **AV** *Apostilas da Vida,* F.C. Xavier, 1986, IDE.
26. **AVR** *A Verdade Responde,* F.C. Xavier, 1990, IDEAL. (1)
27. **TN** *Tempo e Nós,* F.C. Xavier, 1992, IDEAL. (1)

(1) - Em parceria com Emmanuel.
(2) - Em parceria com Lucius.
(3) - Entrevista concedida por intermédio de F. C. Xavier e W. Vieira.

A

ABERTURA DE LIVRO APARENTEMENTE AO ACASO
– OM, **35** – OVE, **11, 16**. – ETC, **31**. – NDM, **16, 20**.

ABISMOS DA SOMBRA
V. Zonas Infernais, Zonas Purgatoriais.

ABNEGAÇÃO
– NL, **16**. – ML, **2, 12**. – AR, **16**. – SD, 1ª Parte, **12**. – SA, **52**.
V. Caridade, Renúncia, Sacrifício.

ABORTO
– NL, **31**. – ML, **14, 15, 19**. – OVE, **5**. – NMM, **10**. – NDM, **10**. – AR, **3, 15**. – EDM, 2ª Parte, **13, 14**. – CE, **1**. – SD, 2ª Parte, **10**. – EVC, **15, 26**.
V. Anticoncepcionais, Gestação Frustrada, Gravidez, Infanticídio, Mãe, Maternidade.

ABORTO E OBSESSÃO
– NMM, **10**.

ABSORÇÃO DE PRINCÍPIOS VITAIS DA ATMOSFERA
– NL, **9**.

ABSTENÇÃO SEXUAL
– SD, 2ª Parte, **10**.
Sexo e Sexologia.

ABUSO (USO E,)
– NL, **4**. – EV, **7**

ACADEMIA DO EVANGELHO DO CRISTO
– NL, Apresentação, **14**.
V. Evangelho.

AÇÃO E REAÇÃO (LEI DA,)
V. Resgate.

AÇÃO RETIFICADORA (DA JUSTIÇA DIVINA)
– OVE, **9**. – NDM, **15**.
V. Ação e Reação, Justiça Divina.

ACASO
– NL, **25, 40**. – OM, **34**. – NMM, **1**. – LI, **19**. – NDM, **7, 9, 16**. – CE, **13**.
V. Abertura de livro aparentemente ao acaso, Carma e Cármico, Destino, Determinismo, Fatalidade, Karma, Lei de Causa e Efeito, Livre-Arbítrio.

ACIDENTES NA INFÂNCIA
– AR, **18**. – SD, 2ª Parte, **10**.
V. Desastres.

ACUPUNTURA MAGNÉTICA
– SD, 1ª Parte, **14**.
V. Medicina, Magnetismo.

ADMINISTRADOR DE SERVIÇOS PÚBLICOS
– NL, **22**. – LI, **11**.
V. Autoridade, Governantes e Governos terrenos, Instituto de Administradores.

ADULTÉRIO
– NL, **16, 50**. – NDM, **19, 20**. – EDM, 2ª Parte, **8**. – SD, 1ª Parte, **2, 5**.
V. Família.

ADVERSÁRIO
– NL, **35**. – OM, **1**. – ML, **13**. – OVE, **3**. – SD, **8**. – SV, **13**.
V. Inimigo, Obsessão e Obsessores, Odiar e Ódio.

ADVERSIDADE
– SA, **51**.
V. Dor, Provações, Resgate, Sofrimento.

ADVOGADOS
– ML, **17**.

AERÓBUS
– NL, **10, 26, 33**. – CA, desenhos
V. Veículos (Carros e Máquinas Voadoras)

AFINIDADE
– NL, **12, 38**. – OM, **50**. – ML, **11**. – EDM, 1ª Parte, **7**. – MM, **13**. – EVC, **9, 14, 17**.

AFLIÇÃO
– AC, **10, 13**. – ETC, **37**. – SA, **27**.
V. Desespero.

AGENTES DIVINOS
– EDM, 1ª Parte, **1**. – MM, **4**.
V. Espíritos Angélicos.

AGENTES DE INDUÇÃO
– MM, **12**.
V. Indução Mental.

AGENTES MENTAIS
– NDM, **5**. – MM, **10**.
V. Mental e Mente.

AGONIA DA MORTE
– ML, **7**. – OVE, **13, 18**. – EVC, **23**.
V. Morte.

AGONIA DA MORTE PROLONGADA
– SD, 2ª Parte, **7**.

AGONIZANTE ERGUE SUA MÃO INERTE
– SD, 2ª Parte, **7, 8**.

AGRESSÃO À NATUREZA
V. Ecologia.

AGRESSÃO DAS TREVAS
– OVE, **8**. – AR, **3, 20**. – EVC, **13**.
V. Obsessão e Obsessores, Zonas Infernais.

AGRESSÃO DE ESPÍRITOS SOBRE ENCARNADOS
– SD, 1ª Parte, **3**.

AGRESSIVIDADE
– EVC, **16**.

ÁGUA
– NL, **2, 3, 9, 10, 29**. – OVE, **16**.
– CE, **34**. – EVC, **6**.
V. Bosque das Águas.

**ÁGUA FLUÍDICA
(MAGNETIZADA)**
– NL, **10, 29**. – OM, **22** – LI, **9**. –
ETC, **31**. – NDM, **12**. – AR, **13**.
V. Hidroterapia, Passe Magné-
tico.

ÁGUAS MEDICINAIS
– CE, **32**.

AGULHA DE VIGILÂNCIA
– AR, **3**.
V. Armas (no Plano Espiritual).

ALBERGUES
– OM, **21**.

**ALCOOLISMO (DE
ENCARNADOS E
DESENCARNADOS)**
– NL, **4**, ML, **3, 10, 19**. – NMM,
14. – ETC, **12**. – NDM, **15, 1, 28**.
– AR, **19**. – CE, **34**. – SD, 1ª Par-
te, **1, 3, 6**, 2ª P, **5**. – AV, **13**.
V. Obsessão e Alcoolismo, Es-
píritos embriagados, Delirium
tremens.

ALEGRIA
– NL, **5, 15**. – NMM, **14**. – LI,
19, 20. – NDM, **5**. – SA, **5**.

ALEIJÃO DE NASCENÇA
– ML, **12**. – NMM, **7**. – NDM, **15**.
– AR, **13,7 19**.
V. Defeito Físico, Resgate.

**ALEXANDRE,
O CONQUISTADOR**
– NMM, **2**. – LI, **1**.

ALGAS
– EDM, 1ª Parte, **3, 6**.

ALIMENTAÇÃO CARNÍVORA
– OM, **42**. – ML, **4**. – NDM, **28**.
– DO, **2**.
V. Vícios de Alimentação (no
Além), Glutonaria.

**ALIMENTAÇÃO DOS
DESENCARNADOS**
– NL, **2, 3, 9, 10 18, 19, 32, 38,
44, 50**. – OM, **17, 22, 37, 40,
42**. – ML, **4, 11, 14**. – ETC, **5**.
– NDM, **6, 14**. – EDM, 2ª Parte,
1. – SD, 1ª Parte, **13**. – EVC, **5, 7**.

**ALIMENTO ESPIRITUAL
(AMOR)**
– NL, **18**. – EDM, 1ª Parte, **18**,
2ª Parte, **1**.

**"ALIMENTO PSÍQUICO"
(CORPÚSCULOS DE NISSL)**
– EDM, 1ª Parte, **9**.

**ALIMENTO PSÍQUICO
(MENTAL) DE ENCARNADOS
E DESENCARNADOS**
– ML, **14**. – LI, **8**.

ALLAN KARDEC
– OM, **45**. – OVE, **9**. – NDM, **1**.
– AR, Prefácio. – EDM, Prefácio.
– MM, **26**. – OE, **4, 16, 24, 34,
37, 45, 54, 60**. – SA, **11, 46, 57,
68**. – DO, **28, 66**. – EV, **19, 20,
22**. – EVC, **9**.
V. Espiritismo.

ALMA
– OVE, **16**. – LI, **19**. – AR, **7**. – EDM, 1ª Parte, **11, 13, 16, 19**.
V. Espíritos.

ALMAS AFINS (OU IRMÃS)
– NL, **18, 20**.

ALMAS GÊMEAS
– NL, **18, 20**.

ALTRUÍSMO
– OM, **3**. – ETC, **33**.
V. Caridade.

ALUCINAÇÃO (DE CAUSA OBSESSIVA OU MISTA)
– LI, **9, 10**. – AR, **4**. – NDM, **12, 23**.
V. Doenças Físicas, Mentais, Psíquicas e da Alma; Obsessão e Obsessores.

"ALUCINAÇÃO" E IDEOPLASTIA
– MM, **19**.

AMBIÇÃO
– NMM, **17**. – NDM, **17**. – AR, **17**.

AMBIENTE (CLIMA ESPIRITUAL)
– NL, **44**.

AMEBAS
– NMM, **3**. – EDM, 1ª Parte, **2, 3**.

AMIGO (AMIZADE)
– ML, **13**. – AC, **16**. – LI, **13**. – ETC, **27, 39**. – AR, **6**. – SV, **12, 38, 44**.

AMNÉSIA DOS DESENCARNADOS
– ETC, **13**. – NDM, **4, 25**. – AR, **2, 4**.
V. Memória.

AMNÉSIA INFANTIL
– AR, **15**.

AMOR
– NL, **5, 10, 18, 19, 30, 44, 46**. – OM, **30, 31, 35, 44**. – ML, **7, 12, 13, 18**. – NMM, **4, 5, 6, 7, 9, 11, 15, 20**. – AC, **28, 30, 43, 47, 49**. – LI, **1, 3, 7, 12, 19, 20**. – ETC, **8, 23, 25, 38, 40**. – NDM, **5, 10, 13**. – AR, **2, 6, 7, 9, 10, 11, 12, 14, 15, 16**. – EDM, 1ª Parte, **10, 18**, 2ª Parte, **1**. – SD, 2ª Parte, **2**. – SA, **54, 63**. – EVC, **15, 17, 24**. – RV, **7**. – AV, **21**.
V. Bondade, Caridade, Casamento de Amor ou Espiritual, Compaixão, Conduta Afetiva das Almas Enobrecidas, Misericórdia, Paciência, Piedade, Problemas Afetivos, Renúncia, Solidariedade, Tolerância, Terapêutica e Amor.

AMOR, ALIMENTO DAS ALMAS
V. Alimento Espiritual.

AMOR DE JESUS
– AR, **15**.
V. Jesus.

AMOR DIVINO
– NL, **5**. – OM, **1**. – LI, **1**.– ETC, **39**. – AR, **4**. – EDM, 2ª Parte, **20**.

AMOR–EGOÍSMO
– ETC, **39**. – EDM, 1ª Parte, **10**.
– EVC, **15**.

AMOR, EVOLUÇÃO DO,
– EDM, 1ª Parte, **18**. – EVC, **15**.

AMOR FEMININO
– AR, **12**.

AMOR FILIAL
– NL, **48**, **15**. – EVC, **24**.

AMOR IDEAL
– EVC, **17**.

AMOR MATERNO
V. Mãe.

AMOR MATERNO DESORIENTADO
– ML, **12**. – NMM, **10**. – ETC, **10**. – AR, **2**.

AMOR POSSESSIVO
– NL, **15**. – NMM, **10**.

AMOR–PRÓPRIO
– ML, **7**.
V. Egoísmo.

AMOR RENÚNCIA
– NL, **46**. – NDM, **14**.

AMOR SUBLIMADO (ESPIRITUAL)
– NL, **16**, **19**. – OM, **30**. – AR, **15** .

AMOR UNIVERSAL
– ETC, **23**, **33**.

AMPARO DE DEUS
V. Auxílio Divino, Providência Divina.

AMULETOS
– OE, **51**.

ANÁLISE DE FORMAS-PENSAMENTOS PROJETADAS NA AURA
– SD, 1ª Parte, **2**, **4**, **5**.

ANÁLISE MENTAL
– OM, **23**. – ETC, **7**. – NDM, **3**. – AR, **4**. – SD, 2ª Parte, **13**. – EVC, **21**.
V. Anamnese telepática de encarnados pelos Espíritos, Arquivos Mentais, Narco–Análise.

ANALOGIA DE CIRCUITOS (HIDRÁULICO, ELÉTRICO E MEDIÚNICO)
– MM, **7**.

ANAMNESE TELEPÁTICA DE ENCARNADOS PELOS ESPÍRITOS
– SD, 1ª Parte, **5**, **7**, 2ª Parte, **4**, **13**.

ANATOMIA HUMANA
– ML, **12**, **13**.

ANESTÉSICOS (AGENTES)
– OVE, **12**.

ANFITÉRIOS
– EDM, 1ª Parte, **3**.

ANGÚSTIA
– NL, **6**, **7**. – ML, **7**. – NMM, **11**. – AC, **39**. – RV, **32**.
V. Aflição, Desespero, Preocupações, Preocupações excessivas e Doença.

ANIMAIS
– ML, **4**. – ETC, **29**. – EDM, 1ª Parte, **16**, 2ª Parte, **18**. – CE, **6**, **33**. – MM, **4**, **21**.
V. Inteligência dos Animais, Linguagem Animal, Pensamentos descontínuos (dos animais). Reencarnação dos Animais, Sacrifício dos Animais.

ANIMAIS ATRAÍDOS PELO AMBIENTE ESPIRITUALIZADO
– OM, **42**.

ANIMAIS NA ESFERA ESPIRITUAL
– NL, **7**, **33**. – OVE, **4**. – LI, **4**, **20**. – AR, **4**. – EDM, 1ª Parte, **12**, **13**.
V. Aves, Cães, Cavalos, Ibis Viajores, Muares.

ANIMISMO
– ML, **16**. – NMM, **9**. – NDM, **22**. – MM, **23**.
V. Médium e Mediunidade.

ANJO DA GUARDA
– NL, **38**. – OM, **30**. – ML, **13**. – ETC, **26**, **33**. – AR, **7**. – EDM, 1ª Parte, **17**. – OE, **11**.
V. Guia Espiritual.

ANTENA
– NL, **10**.

ANTICONCEPCIONAIS
– AR, **15**.
V. Aborto, Abstenção Sexual, Gravidez.

ANTICORPOS
– EDM, 1ª Parte, **8**, 2ª Parte, **20**. – MM, **22**.

ANTIPATIA
– ML, **13**. – OVE, **2**. – ETC, **32**. – NDM, **19**. – AR, **2**, **14**.– SD, 2ª Parte, **11**. – AV, **7**.
V. Simpatia.

APARELHO AMPLIFICADOR DE VOZ
– OVE, **8**.

APARELHO CAPTADOR DE ONDAS MENTAIS
– LI, **5**.
V. Psicoscópio, "Condensador Ectoplásmico".

APARELHO (GLOBO CRISTALINO) DE COMUNICAÇÃO COM ESPÍRITOS ENCARNADOS
– NL, **48**.
V. Câmara Cristalina

APARELHO DE DEMONSTRAÇÕES PELA IMAGEM
– NL, **32**.

APARELHO DE FILMAGEM
– EVC, **10**, **11**.

APARELHO DE PRECISÃO (DE USO MÉDICO)
– EDM, 2ª Parte, **19**.

APARELHO DE RAIO CURATIVO
– NDM, **28**. – EVC, **6**.

APARELHO DE SINALIZAÇÃO LUMINOSA
– OM, **22**.

APARELHO DE SISTEMA DE COMUNICAÇÃO PARA CONSULTA RÁPIDA ÀS REPARTIÇÕES.
– SD, 2ª Parte, **13**.

APARELHO DE SOM (GARGANTA LUMINOSA)
– LI, **20**.

APARELHO DE TELEVISÃO
– NL, **23**, **24**.
V. Televisão.

APARELHO ELETROMAGNÉTICO DE DEFENSIVA
– OVE, **10**.

APARELHO GERADOR DE ENERGIA ELETROMAGNÉTICA
– OVE, **10**.

APARELHO MAGNÉTICO DE CONTATO MEDIÚNICO
– NDM, **16**.

APARELHO PARA EMISSÃO E RECEPÇÃO DE MENSAGENS
– SD, 1ª Parte, **13**.

APARELHO PARA REGISTRO DO PENSAMENTO
– EVC, **10**.

APARELHO PARA REGISTROS VIBRATÓRIOS (DE VOZES)
– OVE, **2**.

APARELHO QUE FABRICA AR PURO
– OVE, **6**.

APARELHO RADIOFÔNICO
– NL, **23**.

APARELHO RECEPTADOR DE NOTÍCIAS (TELA)
– AR, **3**.

APARELHO TELEFÔNICO
– NL, **48**, **50**. – OVE, **4**.

APERFEIÇOAMENTO (VONTADE E,)
– MM, **11**.
V. Evolução Espiritual, Sublimação.

APÓSTOLO JOÃO
– ML, **17**. – AR, **15**. – MM, Introdução de Emmanuel.

APÓSTOLO LUCAS
– OVE, **8**. – AR, **9**.

APÓSTOLO MATEUS
– ETC, **6**, **31**. – AR, **14**.

APÓSTOLO PAULO
– NL, **25**. – OM, **42**, **50**. – OVE, **3**. – LI, **1**, **6**. – EDM, 1ª Parte, **1**, 2ª Parte, **17**. – MM, Prefácio. – OE, **37**.

APÓSTOLO PEDRO
– ML, **8**, **17**. – OVE, **12**.

APÓSTOLO TIAGO
– OVE, **17**.

APRENDIZ
– ML, **20**.

APRENDIZADO
– NL, **20, 25, 26**. – ML, **20**. –
OVE, **10**. – AC, **14**. – NDM, **9**.
– SD, 1ª Parte, **3**. – BA, **44**.
V. Educação, Estudo, Sabedoria.

APRENDIZADO CRISTÃO
– AVR, **8**.

**APRESENTAÇÃO DOS
DESENCARNADOS
(AOS MÉDIUNS)**
– OVE, **3**. – EDM, 2ª Parte, **5**.
V. Linhas Morfológicas dos Desencarnados, Vestuário dos Espíritos.

**APROVEITAMENTO DA
REENCARNAÇÃO**
– SD, 2ª Parte, **9**.
V. Fracasso Espiritual.

AR PURO (TONIFICANTE)
– NL, **8, 9, 23, 33**. – OM, **41**. –
OVE, **5**. – CE, **32, 34**.
V. Atmosfera, Vento.

ARCANJOS
– EDM, 1ª Parte, **1**.
V. Devas, Espíritos Angélicos.

**ARMAS (NO PLANO
ESPIRITUAL)**
– OM, **20**. – OVE, **4**.
V. Agulha de Vigilância, Aparelho Eletromagnético de Defensiva, Barreiras de Exaustão, Barreiras Magnéticas de Defesa, Batalha, Bateria de Exaustão, Bolas de Substância Negra, "Bússola" de Defensiva, Canhões Eletrônicos, Desintegradores Etéricos, Guerra no Além, Lança-Choques, Petardos Magnéticos, Projéteis Elétricos, Raios de Flagelação, Raios Desintegrantes, Redes Luminosas de Defesa, Setas, Zonas Magnéticas de Defesa.

ARMAS, USO DE,
– CE, **18**.

**ARQUITETOS DA
SABEDORIA DIVINA**
– EDM, 1ª Parte, **1, 6, 7**.
V. Espíritos Angélicos.

**ARQUIVO DE MEMÓRIAS E
REGISTROS INDIVIDUAIS**
– NL, **21**. – SD, 2ª Parte, **9, 10,
13**. – EVC, **15, 22**.
V. Ficha de Identificação dos Espíritos.

ARQUIVOS MENTAIS
– OVE, **7**. – LI, **5, 7**. – ETC, **13**.
V. Caderneta de Identificação, Identificação dos Espíritos (no Além), Memória, Reencarnação, Serviço de Recordações, Visão Panorâmica Pós-Morte.

ARREPENDIMENTO
– NL, **5**. – OM, **27**. – NMM, **3**. –
AR **6, 17**.
V. Culpa, Remorso.

ARTE
– NL, **17, 32, 45.** – OM, **16.** – ETC, **20.** – NDM, **30.** – AR, **18.** – CE, **44.**
V. Música, Pintura (Tela).

ARTE NO ALÉM
– NDM, **11.**

ARTISTAS, INSPIRAÇÃO DOS, (COLHIDA NO ALÉM)
– NL, **45.** – OM, **16.**

ARTISTAS DESVIRTUADOS
– AR, **19.**

ARTRÓPODOS
– EDM, 1ª Parte, **3.**

ÁRVORES
– NL, **7, 8, 10, 32, 33, 36, 43, 45.** – OM, **2, 3, 16, 22, 31.** – LI, **4.** – ETC, **8.** – EVC, **8, 14.**
V. Flores, Floresta, Folhas, Frutas, Jardins, Natureza, Pomares, Reino Vegetal (Nascimento do,), Vegetação, Vegetais e Evolução.

ASSASSÍNIO E ASSASSINO
– ML, **12.** – OVE, **7.** – MM, **24.** – EVC, **11, 19, 20.**
V. Assistência Espiritual às Vítimas, Crime e Criminosos, Delinquência, Escola dos Vingadores, Espíritos Delinquentes, Espíritos das Trevas, Infanticídio, Inimigo, Legiões Infernais, Legiões das Trevas, Malfeitores Espirituais, Monstros, Obsessão e Obsessores, Odiar e Ódio, Organizações Consagradas ao Mal.

ASSESSORES ESPIRITUAIS
– NMM, **2.**
V. Espírito(s).

ASSISTÊNCIA ESPIRITUAL
– OM, **46, 47, 48.** – ML, **7, 11.** – OVE, **6, 14.** – AR, **16.** – EVC, **10.**
V. Centro de Mensageiros, Departamento de Auxílio Magnético, Gabinete de Auxílio Magnético às Percepções, Institutos Magnéticos de "Campo da Paz", Instituto de Proteção Espiritual, Intercessão Espiritual, Legiões Caridosas dos Túmulos, Ministério do Auxílio, Missionário do Auxílio Magnético, Missionário da Libertação, Passe Magnético, Plano de Trabalho Espiritual, Posto de Socorro, Preparação de Colaboradores, Pronto-Socorro Espiritual (no Além), Proteção ao Feto, Providência Divina, Receituário Espírita, Samaritanos, Serviço de Assistência Espiritual às Cavernas, Serviços de Socorro, Servidores do Reino Vegetal (Espíritos), Sessão Espírita, Socorros Espirituais Urgentes na Terra, Socorros Materiais Providenciados pelos Benfeitores Espirituais, Técnico de Socorro às Trevas, Técnico em Auxílio Magnético, Templo do Socorro, Trabalho nos Abismos, Trabalho dos Espíritos.

ASSISTÊNCIA ESPIRITUAL À NECRÓPOLE (POSTO DE,)
– OVE, **15.** – AR, **3.**
V. Cemitério.

ASSISTÊNCIA ESPIRITUAL ÀS CIDADES
– OM, **39**.

ASSISTÊNCIA ESPIRITUAL ÀS DESENCARNAÇÕES
– OVE, **11** a **20**, **14**.

ASSISTÊNCIA ESPIRITUAL ÀS VÍTIMAS
– ML, **11**. – AR, **7**, **18**.

ASSISTÊNCIA ESPIRITUAL DURANTE O SONO FÍSICO
– OM, **37**, **38**. – ML, **8**, **9**. – OVE, **9**. – NMM, **1**, **2**. – AR, **16**.

ASSISTÊNCIA ESPIRITUAL NOS TEMPLOS
– ML, **19**.

ASSISTÊNCIA SOCIAL
– CE, **12**. – SV, **49**. – AV, **9**.

ASSOCIAÇÕES CULTURAIS E ARTÍSTICAS
– NMM, **3**.

ASTROLOGIA
– CE, **40**.

ASTRONOMIA TERRENA
– OM, **15**.
V. Universo.

ATEÍSMO
– OVE, **1**. – NDM, Prefácio. – SD, 2ª Parte, **3**. – SA, **12**. – EVC, **22**.

ATIVIDADE REFLETIDA
– EDM, 1ª Parte, **4**.

ATIVIDADE RELIGIOSA
– NMM, **1**. – EDM, 1ª Parte, **20**.
V. Congregações Religiosas nas Altas Esferas, Culto do Evangelho no Lar, Culto Externo, Culto Familiar (no Além), Cursos de Espiritualidade, Escolas Religiosas, Espiritismo Evangélico, Estudantes do Espiritualismo, Evangelho, Igreja Católica Romana, Igrejas, Igrejas Protestantes, Padres, Religião e Jesus, Religião Cósmica do Amor e da Sabedoria, Religião Espírita, Teologia.

ATIVIDADES REFLEXAS DO INCONSCIENTE
– EDM, 1ª Parte, **4**.

ATMOSFERA E VIBRAÇÕES MENTAIS
– ML, **5**.

ATMOSFERA NO PLANO ESPIRITUAL
– NL, **4**, **9**, **23**. – OM, **13**. – OVE, **6**.

ÁTOMO
– NDM, Prefácio, **17**, **28**. – EDM, 1ª Parte, **1**. – MM, **2**, **3**, **5**.
V. Canhões Eletrônicos, Ciência, Elétrons, Elétrons Mentais, Princípios Subatômicos, Radioatividade.

ÁTOMO ETÉRICO
– OVE, **10**. – MM, **4**.
V. Substância Etérica, Energia atômica.

ATRAÇÃO POR ALMAS OU QUESTÕES (E O PASSADO)
– AR, **14**.

AUDIÇÃO (SENTIDO DA,)
– OVE, **10**. – EDM, 1ª Parte, **9**.

AUDIÇÃO ESPIRITUAL (PERCEPÇÃO MUSICAL)
– NL, **18**.

AUGUSTO, O DIVINO
– LI, **1**.

AULAS (DA MINISTRA VENERANDA)
– NL, **37**.

AURA HUMANA (HALO OU CÍRCULO VITAL)
– ML, **1**. – OVE, **10**. – LI, **5, 6 , 7, 8, 9, 10, 12, 16, 18**. – ETC, **2, 3, 19, 23**. – AR, **5, 13**. – NDM, **4, 8, 16, 17, 24**. – EDM, 1ª Parte, **11, 13, 17**. – MM, **4, 9, 10, 14, 15, 17**. – SD, 1ª Parte, **2, 4, 6, 7, 13**.
V. Análise de Formas-Pensamentos Projetadas na Aura, Campo da Aura, Halo Psíquico, Psicosfera, Duplo Etéreo, Corpo Vital.

AURÉOLA
– AR, **6**.

AUTOANÁLISE
– SA, **17, 30, 50**. – RV, **12**.
V. Reflexão (Importância da,)

AUTOAPRIMORAMENTO
V. Reforma Íntima.

AUTOESTIMA
– BA, **31**.

AUTOCONDENAÇÃO
V. Regime de Sanções.

AUTOCRÍTICA
– OVE, **7**. – OE, **13**. – SD, 2ª Parte, **13**.
V. Crítica.

AUTOMAGNETIZAÇÃO
– MM, **14**.
V. Magnetismo.

AUTOMATISMO CELULAR E FISIOLÓGICO
– EDM, 1ª Parte, **4, 5**.
V. Célula.

AUTOMATISMO E HERANÇA
– EDM, 1ª Parte, **4**.
V. Herança Biológica.

AUTO-OBSESSÃO
– LI, **11**. – EV, **28**.
V. Obsessão e Obsessores.

AUTOPASSE
– CE, **28**.
V. Passe Magnético.

AUXÍLIO DIVINO
– ML, **7, 19**. – OVE, **11**. – NMM, **16**. – ETC, **11**. – AR, **18**. – EVC, **15, 17**. – RV, **40**.
V. Providência Divina.

AUXÍLIO ESPIRITUAL (TRANSMISSÃO DE FORÇA FÍSICA)
– SD, 1ª Parte, **8**.

AUXÍLIO MATERIAL DOS ESPÍRITOS
– ML, **11**.

AVAREZA
– OVE, **15**. – NMM, **17**, **18**. – AC, **37**. – LI, **5**. – NDM, **8**. – AR, **5**, **8**, **9**. – SA, **32**.
V. Ideias Fixas, Egoísmo.

AVES
– NL, **7**, **33**. – OM, **1**, **15**. – OVE, **6**. – LI, **4**. – ETC, **8**.
V. Animais na Esfera Espiritual.

AVISO DA MORTE
– NDM, **21**.
V. Morte.

B

BACH, MÚSICA DE,
– OM, **31**.

BACILOS PSÍQUICOS (OU LARVAS MENTAIS)
– OM, **40**. – ML, **3**, **4**, **10**. – NMM, **3**. – EDM, 2ª Parte, **19**.
V. Matéria Mental Tóxica.

BACILOS PSÍQUICOS DA TORTURA SEXUAL
– ML, **3**, **4**.

BACTÉRIAS
– OM, **40**. – ML, **10**. – EDM, 1ª Parte, **3**, **6**.

BAIXO UMBRAL (UMBRAL GROSSO)
– NMM, **17**. – CA, **4**.
V. Umbral.

BANHO, SALA DE,
– NL, **17**.

BANHOS TERAPÊUTICOS (MEDICINAIS)
– CE, **32**. – EVC, **6**, **7**, **8**.
V. Águas Medicinais, Tratamento Médico no Além.

BARBA (DOS DESENCARNADOS)
– NL, **2**.

BARREIRAS DE EXAUSTÃO
– AR, **3**.
V. Armas (no Plano Espiritual).

BARREIRAS IDIOMÁTICAS (NO ALÉM)
– NL, **24**.
V. Linguagem dos Desencarnados.

BARREIRAS MAGNÉTICAS DE DEFESA
– OM, **39**. – ML, **6**. – OVE, **6**, – LI, **17**.
V. Armas (no Plano Espiritual), Magnetismo.

BATERIAS DE EXAUSTÃO
– AR, **3**.
V. Armas (no Plano Espiritual).

BATERIAS ELÉTRICAS
– NL, **9**. – OVE, **4**.

BATISMO
– CE, **37**.

BECQUEREL, Henri
– NDM, Prefácio. – MM, **2**.

BEIJO COM MAGNETISMO SANTIFICANTE
– OVE, **16**.

BELEZA FÍSICA
– ML, **12**. – AC, **27, 37**. – LI, **18**.
– AR, **19**.

BEM
– NL, **18**. – OM, **25**. – ML, **10,
11**. – AC, **14, 38, 48, 50**. – LI,
6, 16. – ETC, **1**. – AR, **5, 6, 7,
18, 19**. – EDM, 1ª Parte, **1, 15**,
2ª Parte, **20**. – MM, **12, 16**. – SD,
2ª Parte, **13**. – EVC, **13**. – RV, **2**.
– BA, **39**. – EP, **4**.
V. Caridade, Mal.

**BERNARDIN DE
SAINT-PIERRE**
– OVE, **1**.

BEZERRA DE MENEZES
– OVE, **8, 11, 12, 19**. – AR, **11**.

BÍBLIA
– OM, **45**.
V. Velho Testamento (Textos do,), Evangélicos (Textos,)
(Novo Testamento).

BIBLIOTECA
– NL, **38**. – EVC, **12**.
V. Livros no Além.

BOA VONTADE
– NMM, **9**. – LI, **19**.

BOATO
– AC, **41**.

BOHR, Niels
– NDM, Prefácio. – MM, **2, 3**.

**BOLAS DE SUBSTÂNCIA
NEGRA**
– OVE, **8**.
V. Armas (no Plano Espiritual).

**BOLHAS LUMINOSAS
(FLUÍDICAS)**
– OM, **24, 25**.

BOLSA
– NL, **5**.

BOM ÂNIMO
– AC, **3**. – NDM, **3**.
V. Coragem.

BONDADE
– NL, **18**. – NMM, **20**. – AC, **40**.
– NDM, **3**. – AV, **11**.
V. Caridade, Solidariedade.

BONDADE DIVINA
– ML, **7**. – ETC, **9**. – AR, **7**.
V. Auxílio Divino, Providência
Divina.

**BONNAT, José Florentino
Leon**
– OM, **16**.

BÔNUS-HORA
– NL, **13, 21, 22, 32, 36, 37, 45**.
V. Crédito Espiritual, Dinheiro.

BOSQUES
– NL, **10, 32**.

BOSQUE DAS ÁGUAS
– NL, **10, 32**.
V. Água, Rio Azul.

BOTIJAS D'ÁGUA
– OM, **21**.

BRANDURA
– SA, **53**.
V. Bondade, Calma.

BROCA, Pierre Paul
– NMM, **3**, **8**.

BRUXARIA
– AR, **4**. – MM, **25**.
V. Magia Negra.

BUDA (SIDARTA GAUTAMA)
– NMM, **2, 3**.

"BÚSSOLA" DE DEFENSIVA
– OVE, **4**.
V. Armas (no Plano Espiritual).

C

**CABELOS
(DOS DESENCARNADOS)**
– NL, **1**.

CADEIA MAGNÉTICA COM MÃOS DADAS
– ML, **17**.

CADERNETA DE IDENTIFICAÇÃO
– NL, **17**.
V. Identificação dos Espíritos (no Além).

CÃES
– NL, **33, 34**. – AR, **4, 5**.
V. Animais na Esfera Espiritual.

CAFÉ, USO DO,
– DO, **2**.

CAJADO (DE SUBSTÂNCIA LUMINOSA)
– NL, **3**.

"CALAFRIO AGRADÁVEL" (FLUÍDICO)
– NDM, **5**.

CALDEIRÕES DE SOPA
– OM, **21**.
V. Botijas d'água.

CALDO RECONFORTANTE
– NL, **3**.
V. Alimentação dos Desencarnados.

CALÍGULA
– MM, Prefácio.

CALMA
– NL, **42**. – AC, **10, 29, 30**.
V. Serenidade.

CALOR (E LUZ)
– EDM, 1ª Parte, **1**.

CALOR ORGÂNICO (DOS ESPÍRITOS)
– OM, **22**.

CALÚNIA
– OM, **17, 27, 38**. – OVE, **11**. – AC, **25, 39**. – LI **5**. – AR, **19**. – MM, **24**.

CÂMARA CRISTALINA
– NL, **48**. – OVE, **1, 3, 9**. – NDM, **7**. – AR, **6**.

CÂMARAS DE RETIFICAÇÃO
– NL, **26, 27, 31, 34, 36, 38, 39, 40, 41, 43, 50**. – OM, **1, 13, 44**.
V. Medicina da Alma, Ministério da Regeneração, Retificação Espiritual.

CAMPAINHA
– NL, **17**, **18**. – OM, **16**. – OVE, **2**, **4**. – AR, **1**, **2**, **4**. – EVC, **5**.

CAMPO DA AURA
– MM, **10**.
V. Aura Humana.

CAMPO DA MÚSICA
– NL, **18**, **45**.
V. Música.

CAMPO DA PRECE AUGUSTA
– OM, **30**.
V. Prece.

CAMPO DE EINSTEIN
– MM, **3**, **10**.

CAMPO ELETROMAGNÉTICO
– MM, **2**.

CAMPO MAGNÉTICO DA AMÉRICA DO SUL (E COLÔNIAS ESPIRITUAIS)
– OM, **33**.

CAMPO MENTAL
– EDM, 1ª Parte, **18**. – MM, **17**.
V. Lei do Campo Mental, Mental e Mente.

CAMPOS DA CROSTA
– OM, **41**. – OVE, **5**. – CE, **32**.

CAMPOS DE CULTURA (CULTIVO)
– NL, **31**, **33**.

CAMPOS (OU ZONAS) DE REPOUSO
– NL, **13**, **20**, **22**.

V. Descanso dos Espíritos, Inativos (em "Nosso Lar").

"CAMPOS DE SAÍDA"
– LI, **3**, **19**. – CA, **4**.
V. Trânsito entre as Esferas Espirituais.

CAMPOS DE TRABALHO (EM "NOSSO LAR")
– OM, **13**.

CANÇÃO DE ARACÉLIA
– SD, 1ª Parte, **10**.

CANÇÃO DE CECÍLIA (LETRA DA,)
– OM, **31**.

CANÇÃO DE ISMÁLIA (LETRA DA,)
– OM, **32**.

CANÇÃO DE LÍSIAS E IRMÃS (LETRA DA,)
– NL, **48**.

CÂNCER
– NL, **4**, **5**. – OM, **49**. – ETC, **5**, **10**. – AR, **15**, **19**. – EDM, 2ª Parte, **20**.
V. Doenças Físicas, Mentais, Psíquicas e da Alma.

CANHÕES ELETRÔNICOS
– OM, **20**. – AR, **3**.
V. Armas (no Plano Espiritual).

CAPELA, SISTEMA DE,
– EDM, 1ª Parte, **20**.
V. Espíritos Exilados.

CARGAS ELÉTRICAS E MENTAIS
– MM, **15**.

CARIDADE
– NL, **36, 39, 47**. – OM, **25, 39**. – AC, **43**. – AR, **1, 7**. – CE, **8, 12**. – OE, **9, 11, 19** – DO, **71**. – SA, **11, 28, 39, 40, 41, 42**. – EV, **9**. – SV, **30**. – AV, **3, 11, 14, 15, 19**.
V. Abnegação, Altruísmo, Amor, Auxiliar, Amor, Bem, Bondade, Compreensão, Doenças e Caridade, Fora da Caridade não há Salvação, Fraternidade, Ministério do Auxílio, Misericórdia, Paciência, Piedade, Renúncia, Serviço Assistencial, Servir, Tolerância.

CARMA E CÁRMICO (KARMA)
– ETC, **1, 2, 33**. – AR, **1, 7, 10, 13, 18**. – EDM, 2ª Parte, **19, 20**.
V. Compromisso Cármico, Resgate.

CARNAVAL
– CE, **37**.

CARREGADORES
– OM, **21**.

CARRUAGEM
– OM, **28**. – LI, **4**.
V. Veículos.

CARRUAGEM VOADORA
– EVC, **26**.
V. Veículos.

CASA PRÓPRIA
– NL, **22**.

CASA TRANSITÓRIA DE FABIANO
– OVE, **4, 6, 9, 10, 20**.

CASAMENTO
– NL, **20, 38, 39, 45**. – OM, **2, 7, 17, 30**. – OVE, **16**. – NMM, **6**. – ETC, **33, 38**. – NDM, **14, 20, 30**. – AR, **14, 16**. – EDM, 2ª Parte, **8**. – SD, 1ª Parte, **5**, 2ª Parte, **10**. – SA, **10**. – EVC, **9, 13, 17, 22, 26**.– AV, **17**.
V. Adultério, Almas Afins, Almas Gêmeas, Amor, Anticoncepcionais, Cônjuges, Escola das Mães, Esposa e Esposo, Família, Filhos, Filhos Adotivos, Gestação Frustrada, Gravidez, Infanticídio, Lar, Mãe, Mãe Solteira, Maternidade, Mesa Familiar, Noivado, Orfandade, Pai, Paternidade, Poligamia, Segundas Núpcias, Sexo e Matrimônio.

CASAMENTO DE AMOR OU ESPIRITUAL
– NL, **38**. – EVC, **17**.

CASAMENTO DE DEVER
– NL, **38**.

CASAMENTO DE FRATERNIDADE
– NL, **38**.

CASAMENTO DE PROVAÇÃO OU RESGATE
– NL, **20, 38**. – EDM, 2ª Parte, **8**.

CASAMENTO FORTUITO (NÃO PROGRAMADO)
– NL, **30**. – OM, **7, 9**.

CASAMENTO NA ESPIRITUALIDADE
– NL, **38, 45**. – OM, **2, 17, 30**. – EDM, 2ª Parte, **10, 11**. – EVC, **17, 26**.
V. União Eterna (Compromisso da).

CASARIO
– ETC, **8**.
V. Casa Própria, Castelo, Cidades no Além, Construções, Construções para Movimento Aéreo, Edifícios, Fortificações, Mapas da Colônia Espiritual "Nosso Lar", Palácios Estranhos, Pavilhões, Plano Piloto da Colônia Espiritual "Nosso Lar", Residências.

CASSAÇÕES (SOLICITADAS PELO ESPÍRITO ENDIVIDADO)
– EVC, **13**.
V. Escolha das Provas, Regime de Sanções, Resgate.

CASTELO
– OM, **15, 16, 20, 31**. – ETC, **9**.
V. Casario.

CATALEPSIA
– MM, **13**.

CATÓLICOS ROMANOS
– OVE, **19**. – NMM, **15**. – EVC, **9, 10**.
V. Igreja Católica.

CAUSAS ANTERIORES DAS AFLIÇÕES
– NMM, **2**.
V. Resgate.

CAVALOS
– OM, **28**.
V. Animais na Esfera Espiritual.

CAVERNAS PURGATORIAIS E INFERNAIS
– NMM, **2, 17**. – LI, **4**.
V. Zonas Infernais e Purgatoriais.

CEGUEIRA DE DESENCARNADOS
– NL, **40**. – OM, **44**. – OVE, **6, 7**. – NDM, **8**.

CEGUEIRA DE ENCARNADOS
– NDM, **15**. – AR, **19**.

CÉLULA
– ML, **13, 14**. – NMM, **4**. – LI, **2**. – EDM, 1ª Parte, **2, 5**, 2ª Parte, **1**. – MM, **11**.
V. Citoplasma, Nucleoproteína, Protoplasma.

CÉLULA MENTAL
– OVE, **5**.

CÉLULAS, ESTRUTURA MENTAL DAS,
– EDM, 1ª Parte, **2**.

CÉLULAS PERISPIRITUAIS
– EDM, 1ª Parte, **2, 5**, 2ª Parte, **3**.

CEMITÉRIO
– OVE, **15**.
V. Assistência Espiritual à Necrópole, Enterro, Espíritos dos Sepulcros, Velório, Vísceras Cadavéricas.

CENTRO CARDÍACO (PERISPIRÍTICO)
– ETC, **20**. – EDM, 1ª Parte, **2**, 2ª Parte, **14**.
V. Centros Perispiríticos, Vitais ou de Força.

CENTRO CEREBRAL (PERISPIRÍTICO)
– ETC, **20**. – EDM, 1ª Parte, **2, 9, 13, 16**, 2ª Parte, **14**.

CENTRO CORONÁRIO (PERISPIRÍTICO)
– ETC, **3, 20**. – EDM, 1ª Parte, **2, 9, 13, 16**.

CENTRO DA MEMÓRIA
– ML, **1**.

CENTRO DE ESTUDOS
– NMM, **11**.
V. Conclaves Doutrinários, Cursos de Espiritualidade, Educação, Estudantes do Espiritualismo, Estudo, Grupo de Estudos, Espiritualistas, Instituto de Ciências do Espírito, Instrução, Parques de Educação.

CENTRO DE MENSAGEIROS
– OM, **2, 3**.

CENTRO DE PREPARAÇÃO À MATERNIDADE E À PATERNIDADE
– OM, **13**.
V. Escola das Mães, Mãe, Maternidade, Pai, Paternidade.

CENTRO ESPLÊNICO (PERISPIRÍTICO)
– ETC, **20**. – EDM, 1ª Parte, **2**, 2ª Parte, **3**.

CENTRO GÁSTRICO (PERISPIRÍTICO)
– ETC, **20**. – EDM, 1ª Parte, **2**.

CENTRO GENÉSICO (PERISPIRÍTICO)
– ETC, **20**. – NDM, **10**. – AR, **15**.
– EDM, 1ª Parte, **2**, 2ª Parte, **14, 17**.

CENTRO INDUTOR DO LAR
– MM, **16**.
V. Família, Lar.

CENTRO LARÍNGEO (PERISPIRÍTICO)
– ETC, **20**. – EDM, 1ª Parte, **2**.

CENTROS ENCEFÁLICOS (CORTICAIS)
– EDM, 1ª Parte, **13**. – NMM, **4**.
V. Cérebro.

CENTROS ESPÍRITAS
– OVE, **11**. – NDM, **2, 10, 16**. – AR, **16**. – CE, **11, 37**. – SD, 1ª Parte, **11**. – DO, **9, 10**. – SA, **4**.
V. Igrejas Protestantes, Templo Católico, Templos (na Terra e no Além).

CENTROS INDUTORES
– MM, **16**.

CENTROS PERISPIRÍTICOS, VITAIS OU DE FORÇA (OU CHACRAS)
– ML, **1** – NMM, **7, 8, 9, 19**. – LI, **12, 15, 19**. – ETC, **20, 21, 23**. – NDM, **5**. – AR, **17, 19**. – EDM, 1ª Parte, **2, 3, 5**, 2ª Parte, **3, 15, 17**. – SD, 1ª Parte, **14**.

CÉREBRO
– NMM, **3**, **4**. – LI, **13**. – ETC, **8**.
– NDM, **3**. – EDM, 1ª Parte, **9**. –
MM, **1**, **9**, **11**.
V. Centro Cerebral (Perispirítico),
Centros Encefálicos (Corticais),
Córtex Motor (Cerebral), Encefa-
lite Letárgica, Encefalização, Ge-
rador do Cérebro, Girencefalia,
Lissencefalia, Lobos Frontais,
Mediunidade e Cérebro, Mental
e Mente, Pensamento.

**CÉREBRO, TRÊS REGIÕES
PRINCIPAIS DO,**
– NMM, **3**, **4**, **7**, **10**, **12**, **16**.

CÉREBRO PERISPIRITUAL
– NMM, **3**, **4**.
V. Perispírito.

CESARIANA
– AR, **10**.

CÉU OU FIRMAMENTO
– NL, **33**. – OVE, **1**. – ETC, **33**.

**CÉU OU PLANOS
ESPIRITUAIS SUPERIORES**
– AC, **41**, **43**. – AR, **7**, **8**, **11**, **18**.
V. Plano Espiritual.

**CÉU BEATÍFICO OU
TEOLÓGICO**
– AR, **11**. – SD, 1ª Parte, **1**.

CÉU E INFERNO ÍNTIMOS
– NL, Prefácio – OM, **32**. – ML,
17. – OVE, **1**, **16**. – NDM, **1**, **4**. –
AR, **2**, **18**.

CHACRAS
V. Centros Perispiríticos, Vitais
ou de Força.

**CHARCO, ALMAS HUMANAS
ATOLADAS EM,**
– OVE, **6**.
V. Lama, Pântanos.

CHARCOT, Jean Martin
– NMM, **4**, **8**.

CHEFIA
– SV, **16**.

**CHOQUE ELÉTRICO E
INSULÍNICO**
– NMM, **7**, **8**. – NDM, **24**.

CIDADE PURGATORIAL
– LI, **4**.

**CIDADE TERRENA,
ESPÍRITOS INFERIORES
NAS RUAS DE UMA,**
– OM, **34**.

**CIDADES
(COLÔNIAS) NO ALÉM**
– NL. – OM, **3**. – LI, **2**, **4**, **7**. –
NDM, **11**. – EDM, 2ª Parte, **7**.
– EVC **7**, **12**, **13**. – CA (com de-
senhos).
V. Colônias Espirituais, De-
senhos da Colônia Espiritual
"Nosso Lar", Edifícios, Plano
Piloto da Colônia Espiritual
"Nosso Lar", Residências, Vila-
rejos no Além.

CIÊNCIA
– NL, **1**, **13**, **14**, **25**. – ML, **10**. –

OVE, **5, 10**. – NMM, **7**. – LI, **13**. – NDM, Prefácio, **16, 29**.– EDM. – MM. – CE, **43**. – EVC, **8, 16**.
V. Átomo, Cientificismo, Cirurgia Psíquica, Embriologia, Endocrinologia, Espiritismo e Ciência, Genética, Hipnotismo, Instituto de Ciências do Espírito, Investigação Científica, Leis Físicas, Leis Magnéticas nas Esferas Inferiores, Leis Vibratórias, Magnetismo, Medicina, Medicina no Além, Mediunidade e Ciência, Mesmer, Metapsíquica, Paleontologia, Psicanálise, Psicologia Analítica, Psiquiatria, Química Nuclear.

CIÊNCIA DA RESPIRAÇÃO E DA ABSORÇÃO DE PRINCÍPIOS VITAIS DA ATMOSFERA
– NL, **9**.

CIÊNCIA E FENÔMENO MEDIÚNICO
– ML, **10, 16**. – NDM, Prefácio.

CIÊNCIA E RELIGIÃO
– ML, **2, 3**. – EDM, Prefácio.

CIÊNCIA NO ALÉM
– NDM, **11**.
V. Aparelhos, Construções, Indústrias, Medicina no Além, Veículos.

CIÊNCIA TERRENA
– NL, **1**. – OM, **4, 5**. – NDM, Prefácio. – MM, **5**.

CIÊNCIAS DO ESPÍRITO (AS MAIS ALTAS)
– EVC, **16**.
V. Instituto de Ciências do Espírito.

CIENTIFICISMO
– ML, **16**.

CINEMATÓGRAFO
– NL, **32**.
V. Aparelhos.

CIRCUITOS ELÉTRICO, MAGNÉTICO E MEDIÚNICO
– MM, **6, 14**.

CÍRCULOS MULTIDIMENSIONAIS
– ETC, **33**.
V. Esferas Espirituais

"CIRCUNSTÂNCIAS REFLEXAS" (FENÔMENO DAS,)
– AR, **7**.
V. Suicídio.

CIRROSE HIPERTRÓFICA (PSICOSSOMÁTICA)
– OVE, **13**.

CIRURGIA PSÍQUICA (NA MENTE)
– ETC, **13**.

CITOPLASMA
– NDM, **28**. – EDM, 1ª Parte, **7**.
V. Célula, Protoplasma.

CIÚME
– NL, **20, 38, 50**. – OVE, **16**. – NMM, **11**. – LI, **16**. – ETC, **2, 3**,

4, 23. – NDM, **14, 19.** – EDM, 2ª Parte, **8.**

CIVILIZAÇÕES ANTIGAS E A VIDA ALÉM-TÚMULO
– AR, **1.**

CLARIAUDIÊNCIA (DE ENCARNADOS)
– OM, **35.** – NDM, **12.** – MM, **18.**
V. Médium e Mediunidade.

CLARINADA NA COLÔNIA "NOSSO LAR"
– NL, **41.**

CLARIVIDÊNCIA DE DESENCARNADOS
– OVE, **4, 7, 9.**
V. Visão dos Espíritos.

CLARIVIDÊNCIA DE ENCARNADOS
– OM, **34, 35, 36.** – NDM, **12.** – MM, **18.** – EVC, **19.**
V. Médium e Mediunidade.

CLIMA NO ALÉM
– EDM, 1ª Parte, **13.**

CLOROFILA
– EDM, 1ª Parte, **3.**

COCRIAÇÃO EM PLANO MAIOR
– EDM, 1ª Parte, **1.**
V. Criação de Deus.

COCRIAÇÃO EM PLANO MENOR
– EDM, 1ª Parte, **1.**

CODIFICAÇÃO KARDEQUIANA
– CE, **45.**
V. Espiritismo.

CÓLERA
– NL, **4.** – OM, **41.** – ML, **4, 19.** – OVE, **14.** – NMM, **8.** – AC, **36, 46.** – ETC, **22.** – NDM, **17.** – EDM, 1ª Parte, **8.** – MM, **16.** – BA, **32.** – AV, **7.**
V. Irritação, Odiar e Ódio, Revolta, Violência.

COLÔNIA ESPIRITUAL "ALVORADA NOVA"
– NL, **11.** – OM, **18.**
V. Cidades no Além.

COLÔNIA ESPIRITUAL "CAMPO DA PAZ"
– OM, **15, 29, 30,.**

COLÔNIA ESPIRITUAL "GRANDE LAR"
– NDM, **11.**

COLÔNIA ESPIRITUAL "MANSÃO DA PAZ"
– AR, **1, 17, 20.**

COLÔNIA ESPIRITUAL "MORADIA"
– NL, **24.**

COLÔNIA ESPIRITUAL "NOSSO LAR"
– NL. – OM, **1, 2,, 5, 6, 7, 11, 12, 13, 14, 23, 27, 29, 30, 33, 34, 35, 37, 39, 42, 44, 46, 51.** – OVE, **11, 17.** – NMM, **8.** – AR, **1.** – SD, 1ª Parte, **1, 2, 12,** 2ª Parte, **9, 14.** – CA.

V. Cidades no Além, Fundação de "Nosso Lar".

COLÔNIA DE ESPÍRITOS PERVERTIDOS (OU PURGATORIAL OU PENAL)
– LI, **1**, **2**, **4**, **5**, **7**, **12**. – SD, 2ª Parte, **13**. – EVC, **13**.
V. Zonas Infernais, Zonas Purgatoriais.

COMA
– OVE, **13**. – EDM, 2ª Parte, **19**.
V. Medicina.

COMÉRCIO
– SV, **11**.

COMPANHEIRO
– AC, **16**. – CE, **20**. – EV, **5**.

"COMPLETISTA"
– ML, **12**. – SD, 2ª Parte, **10**.

COMPLEXO DE CULPA
– ETC, **3**, **34**. – SD, 2ª Parte, **13**.
– EVC, **11**.
V. Arrependimento, Culpa, Remorso.

COMPLEXO DE ÉDIPO
– AR, **15**.
V. Freud, Psicanálise, Sexo e Sexologia.

COMPLEXO DE INFERIORIDADE
– OVE, **2**.

COMPREENSÃO
– NL, **18**, **36**, **39**.– OM, **18**. – NDM, **3**, **5**. – SD, 2ª Parte, **10**.
– EV, **19**, **39**. – BA, **14**, **26**.

COMPROMISSO CÁRMICO
– ETC, **27**, **33**. – AR, **9**.
V. Carma e Cármico.

COMUNICAÇÃO DE ENCARNADO (CRIANÇA) NO PLANO ESPIRITUAL
– NL, **48**.

COMUNICAÇÃO LOGO APÓS A MORTE
– NDM, **21**.

COMUNICAÇÃO MEDIÚNICA
– OM, **5**, **6**. – LI, **6**. – NDM, **1**, **3**, **13**.
V. Médium e Mediunidade, Presença Espiritual e Lembranças (de Encarnado).

CONCENTRAÇÃO MENTAL EM REUNIÕES ESPÍRITAS
– OM, **47**. – ML, **1**, **10**. – NMM, **9**. – NDM, **5**. – MM, **21**.
V. Médium e Mediunidade, Mental e Mente.

CONCENTRAÇÕES FLUÍDICO MAGNÉTICAS ESPECIAIS (OU CROMOSSOMAS)
– EDM, 1ª Parte, **6**.

CONCLAVES DOUTRINÁRIOS
– CE, **17**.

"CONDENSADOR ECTOPLÁSMICO"
– NDM, **7**.
V. Aparelho Captador de Ondas Mentais, Espelho Fluídico.

CONDUTA AFETIVA DAS ALMAS ENOBRECIDAS
– EDM, 2ª Parte, **11**.
V. Disciplina Afetiva nas Esferas Superiores.

CONDUTA CRISTÃ
– OM, **46**. – AC. – CE. – SV. – EV, **1, 8**.

CONDUTA E HEREDITARIEDADE
– EDM, 1ª Parte, **7**.

CONDUTA ESPÍRITA
– CE. – SA, **1, 64, 66**. – SV.

CONFIANÇA (EM DEUS E EM SI MESMO)
– AC, **29, 30**. – NDM, **3**. – BA, **18, 43**.
V. Fé.

CONFISSÃO
– OVE, **7**.
V. Igreja Católica Romana.

CONFLITOS FAMILIARES E REENCARNAÇÃO
– OVE, **2**.
V. Família.

CONGREGAÇÕES RELIGIOSAS NAS ALTAS ESFERAS
– AR, **11**.
V. Religião.

CONHECIMENTO
– NMM, **4**. – AC, **27, 43**. – ETC, **21**. – NDM, **1, 13**. – AR, **7**. – SA, **56**.

V. Cultura Intelectual, Sabedoria.

CÔNJUGES
– NL, **20**. – EDM, 2ª Parte, **9**. – SA, **9**. – EV, **10**. – EVC, **23**. – SV, **5**.
V. Família.

CONSCIÊNCIA
– OVE, **7**. – NMM, **2, 12**. – LI, **4, 7, 18, 19**. – ETC, **7, 13, 14, 29, 32**. – NDM, **4, 16**. – AR, Prefácio, **2, 15, 18**. – EDM, 1ª Parte, **11, 20**. – MM, **10**. – OE, **19**. – EV, **2**. – EVC, **12**. – RV, **6**.

CONSCIÊNCIA CÓSMICA
– OM, **1**. – AR, **11**. – EDM, 1ª Parte, **3, 7, 20**.
V. Deus.

CONSCIÊNCIA, CRISÁLIDA DE,
– NMM, **3**.

CONSCIÊNCIA FRAGMENTÁRIA
– EDM, 1ª Parte, **3, 9, 10**. – MM, **4**.

CONSCIÊNCIA PROFUNDA
– NL, **15**.

CONSCIENTE
– NMM, **3**.
V. Subconsciente, Superconsciente, Cérebro.

CONSOLADOR (O)
– NL, **43**.
V. Codificação Kardequiana, Espiritismo.

CONSTANTINO, O GRANDE
– NMM, **2**. – LI, **1**.

CONSTELAÇÃO DE HÉRCULES
– OVE, **3**.

CONSTRUÇÕES
– OM, **3**, **14**. – ML, **20**. – OVE, **4**. – ETC, **8**. – EDM, 1ª Parte, **1**. – SD, 2ª Parte, **9**. – EVC, **5**, **9**, **13**.
V. Casario.

CONSTRUÇÕES PARA MOVIMENTO AÉREO
– OVE, **4**, **10**.

CONSTRUTORES DIVINOS
V. Espíritos Construtores.

CONTÁGIO PELO EXEMPLO
– OM, **9**. – ML, **18**.
V. Exemplo.

CONTINÊNCIA SEXUAL
– ML, **2**.

CONTRABANDISTAS NA VIDA ETERNA
– NL, **27**.

CONVERSAÇÃO NEGATIVA (NÃO CONSTRUTIVA)
– OM, **6**. – OVE, **14**.
V. Palavra.

CONVERSAÇÃO SADIA (ESPIRITUALIZANTE)
– NL, **1**, **18**. – OM, **19**. – AC, **9**. – RV, **17**.
V. Palavra.

CONVIVÊNCIA
– RV, **16**. – TN, **3**.
V. Relacionamento Comum.

COOPERAÇÃO
– NL, **13**. – ETC, **27**.
V. Servir.

COOPERATIVAS PARA O MAL
– OM, **20**, **39**.
V. Organizações Consagradas ao Mal

CORAÇÃO (ÓRGÃO DO PERISPÍRITO)
– NL, **1**. – ML, **11**.

CORAÇÃO (SENTIMENTO)
– NL, **1**, **13**.

CORAGEM
– NL, **19**. – AC, **5**. – SA, **2**. – EV, **20**. – EP, **8**.
V. Bom Ânimo.

CORAL (CANTO)
– NL, **3**, **42**. – OM, **31**. – NMM, **20**. – LI, **9**. – SD, 2ª Parte, **13**.
V. Campo da Música.

CORDÃO FLUÍDICO (PRATEADO)
– NL, **33**. – OM, **50**. – OVE, **13**, **15**, **16**. – NDM, **11**, **21**. – AR, **17**. – MM, **21**.
V. Morte.

CORDEIRO DE DEUS
– NMM, **15**.
V. Jesus.

CORES
– NL, **7**. – AR, **3**.

CORES DOS DESENCARNADOS
– NL, **2**. – OM, **24**.

"CORPO ASTRAL"
– OVE, **5, 8**. – NDM, **11**.
V. Perispírito.

CORPO ESPIRITUAL (OU PERISPÍRITO)
V. Perispírito.

CORPO FÍSICO (SOMÁTICO)
– OM, **20, 43, 49**. – ML, **12** , **13**. – OVE, **13, 15, 16, 19**. – AC, **14**. – ETC, **21, 27, 29, 33, 35**. – NDM, **10**. – AR, **19**. – EDM, 1ª Parte, **2, 7, 8, 12, 16, 19**, 2ª Parte, **17, 19**. – CE, **34**. – EVC, **11, 15**. – EP, **21**.
V. Forma Física (Carnal), Veículo Fisiopsicossomático, Resgate Solicitado pelo Espírito Endividado (Cassações).

CORPO FÍSICO, ANÁLISE ESPIRITUAL DO,
– ML, **1**.

CORPO FÍSICO, AÇÃO DOS ESPÍRITOS SOBRE O,
ML, **7**. – OVE, **16, 17, 18**. – NMM, **14**.
V. Hereditariedade e Lei de Causa e Efeito.

CORPO MENTAL
– EDM, 1ª Parte, **2, 12**.
V. Mental e Mente.

CORPO PERISPIRITUAL (OU PERISPIRÍTICO)
V. Perispírito.

CORPO SIDÉREO
– EDM, Prefácio.
V. Perispírito.

CORPO SUTIL
– NL, **5**. – NMM, **4**. – ETC, **20**. – AR, **2**.
V. Perispírito.

CORPO VITAL (OU DUPLO ETÉREO)
V. Duplo Etéreo.

CORPOS OU ESFERAS OVOIDES
– LI, **6, 7, 9, 11, 15**. – EDM, 1ª Parte, **12, 15**, 2ª Parte, **3, 19**.
V. "Ovoidização", Parasitas Ovoides, Perispírito (Perda do Governo da Forma do,)

CORPÚSCULOS DE NISSL (TIGROIDE) E MEDIUNIDADE
– ML, **1**. – EDM, 1ª Parte, **9**.

CORPÚSCULOS MENTAIS
– MM, **4**.
V. Corrente Mental, Mental e Mente, Pensamento.

CORRENTE ELÉTRICA
– MM, **5, 8, 9**.
V. Eletricidade.

CORRENTE MAGNÉTICA (DE PROTEÇÃO NAS REUNIÕES)
– NDM, **8**. – OM, **43**.

CORRENTE MENTAL (OU FLUXO MENTAL)
– OVE, **19**. – NDM, **5**, **15**. – MM, **5**, **9**, **15**.

CORRENTE MENTAL HUMANA (OU FLUXO MENTAL)
– MM, **10**.
V. Mental e Mente, Pensamento.

CORRENTE MENTAL SUB-HUMANA
– MM, **10**.

CORRENTES DE ELÉTRONS MENTAIS
– MM, **10**, **15**.
V. Corrente Mental.

CORRESPONDÊNCIA PARTICULAR
– SV, **40**.

CÓRTEX MOTOR (CEREBRAL)
– NMM, **3**, **4**, **7**. – NDM, **6**, **9**.
V. Cérebro.

CRÉDITO EM COLÔNIA ESPIRITUAL
– OM, **2**.

CRÉDITO ESPIRITUAL
– OVE, **17**. – AR, **6**, **16**.
V. Merecimento, Semeadura e Colheita.

CREDORES
– ETC, **33**. – AR, **16**.
V. Devedores, Resgate.

CREDORES E DEVEDORES, ENCONTRO DE,
– LI, **8**. – NDM, **10**

CRENTES E GÊNIOS SATÂNICOS
– LI, **9**.

CRENTES NEGATIVOS
– NL, **27**.

CRIAÇÕES MENTAIS (IMAGENS VIVAS)
– LI, **17**. – ETC, **7**, **14**. – AR, **5**.
V. Pensamento.

CRIAÇÕES MENTAIS MATERIALIZADAS (NO PLANO ESPIRITUAL)
– OVE, **5**.

CRIANÇAS
– NL, **20**, **32**. – OM, **30**, **31**. – OVE, **1**, **2**, **8**, **9**, **12**, **17**. – LI, **4**. – ETC, **8**, **9**, **10**, **11**, **27**, **29**. – AR, **7**. – EDM, 1ª Parte, **11**, 2ª Parte, **4**. – CE, **21**. – SD, 2ª Parte, **14**.– DO, **24**. – SV, **14**.
V. Crianças Retardadas, Doenças Congênitas, Educação Infantil, Educandários para Jovens e Crianças, Infância Espiritual, Meninos Cantores, Psicose na Infância, Obsessão de Nascituros.

CRIANÇAS DOENTES NO ALÉM
– ETC, **9**, **27**.

CRIANÇAS NO ALÉM, CRESCIMENTO DAS,
– ETC, **10**, **29**. – EDM, 2ª Parte, **4**.

CRIANÇAS – OS SETE PRIMEIROS ANOS
– OM, **30**. – ML, **13**, **14**. – NDM, **24**. – EVC, **11**.

CRIANÇAS RECÉM-DESENCARNADAS, ENCONTRO DE MÃES COM,
– OVE, **6**, **9**. – ETC, **8**, **9**.

CRIANÇAS RETARDADAS (ENCARNADAS)
– NDM, **25**.
V. Mongolismo, Débil Mental.

CRIME E CRIMINOSOS
– NL, **44**. – OM, **4**, **27**. – ML, **11**, **12**. – OVE, **8**, **14**. – NMM, **3**, **12**, **17**. – LI, **6**, **14**. – ETC, **4**, **10**, **34**. – AR, Prefácio, **6**, **13**, **16**, **17**. – MM, **23**. – EVC, **3**, **11**, **13**, **14**, **15**.
V. Aborto, Assassínio e Assassino, Assistência Espiritual às Vítimas, Guerra, Infanticídio, Obsessão e Obsessores, Odiar e Ódio, Precipitação (Crime de,), Vingança, Violência.

CRIMES E A DIVINDADE
– LI, **5**.

CRIMES E SONO FÍSICO
– LI, **5**.

CRIMINOSOS, RECUPERAÇÃO ESPIRITUAL DE,
– LI, **18**.

CRIPTESTESIA PRAGMÁTICA
– NDM, **26**, **29**.
V. Metagnomia Tátil, Psicometria, Telestesia.

CRISE DA ATUALIDADE
– OM, **5**.

CRISTAL E CRISÁLIDA DE CONSCIÊNCIA
– NMM, **3**. – MM, **10**.
V. Minerais e Evolução.

CRISTALIZAÇÃO MENTAL
V. Fixação Mental.

CRISTIANISMO
– ML, **5**, **8**. – OVE, **8**, **12**. – AC, **1**, **3**. – EDM, 1ª Parte, **20**. – EP, **31**. – AV, **2**.
V. Evangelho, Jesus.

CRISTIANISMO PURO
– NDM, **15**.

CRISTO
V. Jesus.

CRÍTICA
– AC, **2**, **25**, **36**. – MM, **18**. – SV, **36**.
V. Autocrítica.

CROMATÍDEOS
– EDM, 1ª Parte, **7**.

CROMATINA
– EDM, 1ª Parte, **7**.

CROMOSSOMA
– ML, **13**. – EDM, 1ª Parte, **6**, **7**.
V. Genética.

CROOKES, William
– NDM, Prefácio. – MM, **2**.

CROSTA (PLANETÁRIA)
– NL, **5**, **28**. – OVE, **15**, **17**. – LI, **4**. – CA, desenhos.
V. Plano Físico, Terra.

CRUELDADE
– NDM, **5**, **19**.
V. Mal.

CULPA
– LI, **14**. – ETC, **3**, **14**, **39**. – AR, **2**, **3**, **13**.
V. Complexo de Culpa, Resgate.

CULTO DO EVANGELHO NO LAR (NA TERRA E NO ALÉM)
– NL, **48**. – OM, **35**, **37**. – OVE, **11**, **14**, **16**, **17**. – ETC, **6**, **31** . – NDM, **20**. – CE, **5**. – SD, 2ª Parte, **11**. – DO, **70**. – EVC, **13**.

CULTO EXTERNO
– NMM, **15**. – LI, **4**. – ETC, **11**. – NDM, **18**. – AR, **11**.
V. Idolatria e Ídolos.

CULTURA INTELECTUAL
– ETC, **10**, **11**, **20**. – ML, **17**. – LI, **5**. – AR, **19**.
V. Escritores de Má-Fé, Literatura no Além, Megalomania Intelectual, Usurário da Cultura, Conhecimento, Sabedoria.

CURA
– NL, **5**, **6**. – OM, **44**, **46**, **51**. – ML, **18**. – AC, **44**. – LI, **4**, **10**. – ETC, **21**, **31**. – NDM, **15**, **17**.

– EDM, 2ª Parte, **19**. – MM, **22**, **26**. – CE, **32**.
V. Acupuntura Magnética, Água Fluídica, Anestésicos, Banhos Terapêuticos, Câmara de Retificação, Choque Elétrico Insulínico, Cirurgia Psíquica, Departamento de Auxílio Magnético, Desobsessão, Diálogos Terapêuticos, Fluidoterapia, Higiene Mental, Hipoterapia, Hospitais nas Regiões Purgatoriais, Hospitais na cidade "Nosso Lar", Hospital-Escola, Hospital Psiquiátrico (na Terra e no Além), Jesus Médico Divino, Magnetismo Curador, Medicina, Medicina da Alma, Médicos Terrenos, Médicos Espirituais, Médium Curador, Médium Passista, Operação Magnética (Ação dos Espíritos Benfeitores e Obsessores no Corpo Físico), Psicanálise, Psicoterapia, Psiquiatria, Receituário Espírita (Mediúnico), Regras Morais e Saúde, Remédios, Sedativo Magnético, Serviços de Socorro, Sonoterapia, Sopro Curador, Técnico em Auxílio Magnético, Terapêutica do Parasitismo da Alma, Terapêutica e Amor, Transfusão Fluídica, Tratamento Médico no Além (de encarnados e desencarnados), Transfusão Fluídica, Visitador dos Serviços de Saúde.

CURA DE DOENÇAS FÍSICAS PELOS ESPÍRITOS
– ETC, **5**. – NDM, **17**. – SD, 2ª Parte, **12**.

CURA E JESUS
V. Jesus, Médico Divino.

CURA E SONO FÍSICO
– AR, **13**.

CURATIVOS NO PERISPÍRITO
– NL, **5**.

CURIE, Joliot e Eva
– NDM, Prefácio. – MM, **2**.

CURIOSIDADE (ESPÍRITO DE SERVIÇO E DE INVESTIGAÇÃO)
– NL, **25**, **27**.

CURSOS DE ESPIRITUALIDADE
– OM, **3**, **5**, **6**. – OVE, **5**. – NMM, **1**. – EVC, **8**, **9**, **11**.

D

DANÇAR
– NMM, **14**.

DANTE ALIGHIERI
– LI, **4**. – NMM, **17**.

DAR
– ETC, **40**. – SA, **20**.
V. Caridade.

DARWIN, Charles
– EDM, 1ª Parte, **6**.

DE BROGLIE, Luiz
– MM, **3**.

DÉBIL MENTAL
– EDM, 2ª Parte, **19**. – MM, **24**.
V. Mongolismo, Crianças retardadas.

DÉBITOS ESTACIONÁRIO E ALIVIADO
– AR, **13**, **16**.
V. Resgate.

DECÁLOGO DIVINO
– EDM, 1ª Parte, **20**.
V. Lei Divina.

DECISÃO
– AC, **32**. – OE, **27**.

DEFEITO FÍSICO
– CE, **34**.
– V. Cassações, Aleijão de Nascença, Reencarnação (Planejamento e Preparação para a,), Regime de Sanções.

DELINQUÊNCIA
– AR, **13**. – EDM, 2ª Parte, **6**.
V. Crime e Criminosos.

"DELÍRIO PSÍQUICO"
– AR, **8**.
V. Obsessão e Obsessores.

DELIRIUM TREMENS
– NMM, **14**. – NDM, **21**.
V, Alcoolismo, Vampirismo Espiritual.

DEMÊNCIA
– NL, **27**. – OM, **21**. – NMM, **8**.
– EDM, 2ª Parte, **19**. – SD, 2ª Parte, **9**, **14**.
V. Doenças Físicas, Mentais, Psíquicas e da Alma.

DEMÔNIOS E DEMONISMO
– ML, **18**. – OVE, **8**. – LI, **4**. –
AR, **4**.
V. Bruxaria, Dragões do Mal,
Diabo, Feitiço, Joias Enfeitiça-
das, Magia Negra, Satanás.

**DEPARTAMENTO DE
AUXÍLIO MAGNÉTICO**
– ML, **19**.
V. Gabinete de Auxílio Magnéti-
co às Percepções, Magnetismo.

**DEPARTAMENTOS DE
CONTAS**
– NL, **47**.
V. Colônia Espiritual "Nosso
Lar".

DEPRESSÕES (MENTAIS)
– EDM, 2ª Parte, **20**. – BA, **31**,
45.

DESÂNIMO
– NMM, **16**. – LI, **12**. – OE, **55**. –
BA, **43**, **45**. – AV, **5**.
V. Tristeza

DESASTRES
– NL, **29**. – AR, **18**.
V. Fatalidade, Imprudência, Pro-
vações, Resgate, Resgates Cole-
tivos.

DESCANSO DOS ESPÍRITOS
– NL, **8**, **11**, **28**, **36**, **45**, **50**. – OM,
2, **14**, **15**, **39**, **40**, **41**. – OVE, **12**.
– LI, **4**. – AR, **4**. – EVC, **18**.
V. Campos (ou Zonas) de Repou-
so, Lazer, Lei do Descanso (em
"Nosso Lar").

**"DESCASCADOS"
(ESPÍRITOS)**
– SD, 1ª Parte, **13**.

**DESCENDÊNCIA E
SELEÇÃO**
– EDM, 1ª P, **6**.
V. Evolução das Espécies.

DESCARTES
– V. Teoria de Descartes.

**"DESCOMPENSAÇÃO
VIBRATÓRIA"**
– MM, **8**.
V. Médium e Mediunidade.

DESCORTICAÇÃO ANIMAL
– EDM, 1ª Parte, **16**. – CE, **9**. –
SA, **8**.

"DESCULPISMO"
– OM, **28**. – CE, **9**. – SA, **8**.

DESDOBRAMENTO
– NDM, **11**, **12**, **28**. – MM, **21**.
V. Médium e Mediunidade.

**DESDOBRAMENTO DE
DESENCARNADOS**
– NL, **36**.
V. Sonho.

DESEJOS
– ETC, **4**. – SV, **24**.

**"DESEJO-CENTRAL"
(OU "TEMA BÁSICO")**
– AR, **8**.

DESENCARNAÇÃO
V. Morte (Desencarnação).

DESENCARNAÇÃO ADIADA
V. Prorrogação da Vida Física.

**DESENCARNAÇÃO,
DATA DA,**
– OVE, **13**. – SD, 2ª Parte, **9**. –
EVC, **22**.
V. Prorrogação da Vida Física.

**DESENCARNAÇÃO E
EXCURSÕES**
– OVE, **19**. – ETC, **5**.

DESENCARNAÇÃO E PRECE
– ETC, **32**.

**DESENCARNAÇÃO,
MELHORA APARENTE NA
PRÉ-,**
– OVE, **13**.

**DESENCARNAÇÃO NA
INFÂNCIA**
– EDM, 2ª Parte, **17**.

**DESENCARNAÇÃO
NATURAL**
– EDM, 1ª Parte, **12**.

**DESENCARNAÇÃO POR
IMPRUDÊNCIA**
– NL, **29**. – OM, **41**.

**DESENCARNAÇÃO,
PROCESSO (TÉCNICA) DA,**
– OM, **50**. – OVE, **13, 14, 15, 16,
19**.

**DESENCARNADOS, O
MUNDO ÍNTIMO DOS,**
– OM, **43**.
V. Céu e Inferno íntimos.

DESENHOS ANATÔMICOS
– ML, **12**.
V. Mapas de Formas Orgânicas
do Futuro Reencarnante.

**DESENHOS DA COLÔNIA
ESPIRITUAL "NOSSO LAR"**
– CA, desenhos.

**DESENVOLVIMENTO
MEDIÚNICO**
– ML, **3, 4, 5, 9**. – NDM, **9, 24**. –
MM, **18**. – CE, **41, 27**.

**DESEQUILÍBRIO
ESPIRITUAL**
– NL, **28**. – NMM, **7**. – EDM, 2ª
Parte, **20**. – SD, 2ª Parte, **9**. –
EVC, **11**.

DESESPERO
– NL, **6**. – ML, **4**. – NMM, **3**. –
AC, **10, 13**. – NDM, **3, 19**. – AR,
1, 12.
V. Aflição, Revolta.

**DESINTEGRADORES
ETÉRICOS**
– OVE, **4, 10**.
V. Armas.

DESOBSESSÃO
– ML, **18**. – NDM, **9, 17**. – MM,
23. – CE, **24**. – SD, 2ª Parte, **3**. –
DO. – SA, **31**.
V. Médium e Mediunidade, Ob-
sessão e Obsessores, Psiquiatria.

**DESOBSESSÃO,
COMPARECIMENTO
FORÇADO À REUNIÃO DE,**
– NDM, **8**.

DESOBSESSÃO E JESUS
– DO, Prefácio. – EV, **23**.

DESOBSESSÃO RÁPIDA, TRAUMA DE UMA,
V. Obsessores (Afastamento forçado de,)

DESPENHADEIROS INFERNAIS
– OVE, **6**. – AR, **7**.
V. Zonas Infernais.

DESPERTAR NO PLANO ESPIRITUAL
– OVE, **15**. – EDM, 1ª Parte, **19**.
V. Morte, Sono Pós-Morte.

DESTINO
– NL, **46**. – ML, **13**. – ETC, **26**. – AR, **11**. – EDM, 1ª Parte, **7**, **19**, 2ª Parte, **18**. – SD, 2ª Parte, **9**. – EVC, **15**. – BA, **3**.
V. Acaso, Determinismo, Evolução Espiritual, Fatalidade, Livre-Arbítrio, Resgate.

DETERMINAÇÃO DE SEXO NO INÍCIO DA GESTAÇÃO
– EDM, 2ª Parte, **16**.
V. Sexo e Sexologia.

DETERMINISMO
– NL, **46**. – ML, **13**. – AR, **7**.
V. Livre-Arbítrio, Fatalidade, Resgate.

DEUS
– NL, **1**, **2**, **3**, **5**, **6**, **14**, **15**, **18**, **36**. – OM, **32**, **33**. – ML, **6**, **12**, **13**, **19**. – OVE, **8**, **11**, **17**. – NMM, **1**, **2**. – AC, **2**, **3**, **50**. – LI, **13**. –

ETC, **1**, **11**, **39**. – AR, **7**. – EDM, 1ª Parte, **1**, **20**. – SA, **23**, **24**. – EVC, **15**, **17**. – RV, **40**. – AVR, **18**.
V. Consciência Cósmica, Fluido Cósmico, Força Nervosa do Todo-Sábio, Hálito Divino, Hausto do Criador, Justiça Divina, Mente Divina, Plano Divino, Plasma Divino, Providência Divina, Poder Renovador, Sopro do Criador.

DEUS, SOCORRO OU RESPOSTAS DE,
– OM, **24**, **25**.

DEUSES
– EDM, 1ª Parte, **17**.

DEVAS
– EDM, 1ª Parte, **1**.
V. Arcanjos, Espíritos Angélicos.

DEVEDORES
– NL, **40**. – OM, **23**. – ETC, **33**. – AR, **1**, **17**. – NDM, **10**.
V. Resgate, Credores e Devedores (Encontro de,), Credores.

DEVER, CUMPRIMENTO DO,
– NL, **12**, **16**, **18**. – OM, **13**, **18**, **39**. – NMM, **2**, **16**. – LI, **13**. – AR, **2**. – SA, **1**, **39**. – SV, **17**. – AV, **3**.

DEZ MANDAMENTOS (OS)
V. Decálogo Divino.

DIABO
– OVE, **8**, **15**.
V. Demônios e Demonismo, Satanás.

DIFICULDADES
V. Obstáculos, Problemas Pessoais.

DILIGÊNCIAS
– NL, **33**.
V. Veículos (Carros e Máquinas Voadoras).

DÍNAMO ESPIRITUAL
– MM, **5**.
V. Mental e Mente.

DINHEIRO
– NL, **21**. – OM, **11**. – AC, **27**. – NMM, **5**. – LI, **14**. – SA, **28**. – EP, **23, 26**.
V. Avareza, Bônus-Hora, Cobrança de Serviços Espirituais, Desprendimento, Economia Espírita, Mediunidade Mercantilizada, Negociantes Imprevidentes, Propriedades (na Terra e no Além), Riqueza, Sistemas Econômicos Feudais (no Umbral).

DIPLOFONIA
– ETC, **22**.
V. Palavra.

DIREITO
– AR, Prefácio. – EDM, 1ª Parte, **11, 20**. – EV, **18**.
V. Juiz, Justiça Divina, Justiça em Esfera Umbralina, Justiça na Espiritualidade, Lei Divina.

DIRIGENTE DE REUNIÕES ESPÍRITAS
– OM, **7**. – CE, **3**. – DO, **13**.
V. Centros Espíritas, Sessão Espírita.

DISCERNIMENTO
– NDM, **5**. – MM, **12**. – EP, **9**.
V. Compreensão.

DISCIPLINA
– OM, **49**. – ML, **2**. – OVE, **17**.
– NMM, **11**. – AC, **40**. – AR, **18**.
– MM, **16**. – EVC, **14**.
V. Obediência, Ordem.

DISCIPLINA AFETIVA NAS ESFERAS SUPERIORES
– EDM, 2ª Parte, **10**.
V. Conduta Afetiva das Almas Enobrecidas.

DISPLICÊNCIA NO TRABALHO
– NL, **22**.

DÍVIDAS
– NL, **6**. – OM, **23, 27**. – AR, **9, 12, 13, 16, 17**.
V. Devedores, Resgate.

DIVINDADE
V. Deus.

DIVÓRCIO
– AR, **14**. – EDM, 2ª Parte, **8**. – SD, 2ª Parte, **10**. – SA, **9, 10**. – AV, **17**.
V. Casamento, Separação de Cônjuges Espirituais.

DOENÇAS CONGÊNITAS
– ML, **13**. – ETC, **33**. – NDM, **25**.
– AR, **16**.– EDM, 1ª Parte, **19**.

DOENÇAS DE LONGA DURAÇÃO
– ETC, **5, 33**. – AR, **7**.

DOENÇAS DO INSTINTO SEXUAL
– NL, **31**. – ML, **3**. – EDM, 1ª Parte, **18**.
V. Sexo e Sexologia.

DOENÇAS E CARIDADE
– AR, **19**.

DOENÇAS E CARMA
– ML, **13**. – OVE, **16**. – LI, **2**. – ETC, **5**, **10**. – NDM, **25**. – AR, **19**. – EDM, 2ª Parte, **19**, **20**.

DOENÇAS E CÓLERA
– NL, **4**. – ML, **4**. – OVE, **14**.

DOENÇAS E FALTA DE EDUCAÇÃO RELIGIOSA
– OM, **44**. – ETC, **21**. – AR, **19**. – MM, **25**.

DOENÇAS E PERISPÍRITO
– NL, **5**. – ML, **13**. – OVE, **2**. – NMM, **2**, **8**, **11**, **12**. – LI, **7**. – ETC, **5**, **21**, **10**. – NDM, **24**. – AR, **9**, **12**, **13**, **15**. – EDM, 1ª Parte, **2**, 2ª Parte, **19**, **20**. – MM, **22**.

DOENÇAS E PRECE
– AR, **19**. – MM, **22**, **25**.

DOENÇAS E VÍCIOS DA MENTE (DESREGRAMENTOS MORAIS)
– ETC, **21**. – MM, **22**, **24**.
V. Doenças e Cólera, Doenças e Falta de Educação Religiosa, Perturbações Morais e Desequilíbrios Mentais.

DOENÇAS ESCOLHIDAS (ANTES DA REENCARNAÇÃO)
– ML, **12**. – AR, **19**.

DOENÇAS FANTASMAS
– MM, **16**. – EV, **28**.

DOENÇAS FÍSICAS, MENTAIS, PSÍQUICAS E DA ALMA
– NL, **4**, **5**, **6**, **50**. – OM, **43**. – ML, **4**, **6**, **13**. – NMM, **3**, **6**, **8**, **12**, **14**. – AC, **39**, **44**. – LI, **2**. – ETC, **9**, **10**, **21**, **27**, **33**. – NDM, **4**, **14**, **17**. – AR, **16**, **19**. – EDM, 1ª Parte, **18**, **19**, 2ª Parte, **19**, **20**. – MM, **22**. – CE, **35**. – SA, **12**. EV, **28**. – EVC, **3**, **5**. – SV, **13**. – RV, **2**.
V. Aleijão de Nascença, Débil Mental, Desequilíbrio Espiritual, Epilepsia, Defeito Físico, Obsessão e Obsessores, Psiquiatria.

DOENÇAS FÍSICAS PROVOCADAS POR ESPÍRITOS ENFERMOS
– LI, **17**.

DOENÇAS HUMANAS E O PSIQUISMO (PSICOSSOMÁTICAS)
– ML, **4**, **18**. – OVE, **13**, **14**. – LI, **2**, **11**. – ETC, **21**. – NDM, **17**. – AR, **19**. – EDM, 2ª Parte, **19**, **20**. – MM, **22**.

DOENÇAS PROVIDENCIAIS (PROVOCADAS PELOS ESPÍRITOS)
– NMM, **14**. – LI, **13**. – NDM, **2**, **14**. – SD, **6**, **11**.

DOENÇAS PROVOCADAS PELOS OBSESSORES
V. Vampirismo Espiritual.

DOENÇAS PSÍQUICAS (MENTAIS)
– ML, **4, 18**. – OVE, **2**. – NMM, **2, 7**.

DOENÇAS PSÍQUICAS (MENTAIS) E PERTURBAÇÕES MORAIS
– MM, **24**.

DOENTES ENCARNADOS
– NL, **50**. – NDM, **14, 17, 20**. – MM, **24**. – CE, **22**. – DO, **68, 69**. – SV, **47**.
V. Visitas Fraternas e a Doentes.

DOENTES DESENCARNADOS
V. Espíritos Enfermos, Espíritos dementados.

DOGMA RELIGIOSO
– OVE, **8, 12**. – NMM, **15**.

DOR (SOFRIMENTO FÍSICO EOU MORAL)
– NL, **6, 19**. – ML, **7, 19**. – OVE, **11, 18**. – NMM, **4, 5, 13, 14, 15**. – AC, **13, 38, 39**. – LI, **19**. – ETC, **12, 14, 21**. – NDM, **2, 14, 27**. – AR, **6, 7, 11**. – CE, **22**. – SD, 2ª Parte, **9**. – EV, **17**.
V. Resgate, Sofrimento.

DOR-AUXÍLIO, DOR-EVOLUÇÃO e DOR-EXPIAÇÃO
– AR, **19**. – SD, 1ª Parte, **6**.

DOR E IMPRESSÕES EM MEMBRO AMPUTADO
– EDM, 1ª Parte, **16**.

DOR EM DESENCARNADOS
– NL, **6, 7**. – OM, **43**. – ML, **11**. – OVE, **6, 7**. – ETC, **9**. – AR, **3**.

DORIAN GRAY, RETRATO DE,
– LI, **10**.

DOUTRINA ESPÍRITA
– V. Espiritismo.

DOUTRINAÇÃO E DOUTRINADOR
– OM, **11, 12**. – ML, **17, 18**. – OVE, **8** . – ETC, **22, 23**. – NDM, **7, 10**. – CE, **24**. – OE, **15**. – DO, **32** a **41**. – EVC, **24**.
V. Desobsessão, Sessão Espírita.

DOUTRINAÇÃO, MISSÕES NA TAREFA DA,
– OM, **5, 11, 13**.

DRAGÕES (DO MAL)
– LI, **8, 20**.
V. Demônios e Demonismo.

DROMATÉRIOS
– EDM, 1ª Parte, **3**.

DUPLA PERSONALIDADE
– NDM, **22**.
V. Psiquiatria, Subconsciente.

DUPLO ETÉREO (OU "DUPLO ETÉRICO" OU CORPO VITAL)
– NDM, **11**. – EDM, 1ª Parte, **17**.
V. Aura.

DUPLO DA FLOR
– OM, **37**.
V. Duplo Etéreo, Flores.

E

ECOLOGIA
– OM, **42**. – OVE, **20**.
V. Natureza.

ECONOMIA ESPÍRITA
– OE, **5**.

ECTOPLASMA (OU FORÇA NERVOSA)
– ML, **10**. – NDM, **7, 28**. – MM, **17**.
V. Raios Ectoplásmicos (ou Vitais), Roupão Ectoplásmico.

EDIFÍCIOS
– NL, **3, 7, 8, 10, 26**. – OM, **2, 3**. – EVC, **5, 7**. – CA, desenhos.
V. Casario.

EDUCAÇÃO
– NL, **32**. – OM, **3**. – ML, **8, 13**. – NMM, **10**. – AC. – LI, **1, 2, 6, 16**. – ETC, **39**. – MM, **16**. – CE. – SA, **46**. – SV.
V. Instrução, Espiritismo e Educação, Reforma Íntima.

EDUCAÇÃO INFANTIL
– LI, **19**. – ETC, **39**. – CE, **42**. – EV, **38**.

EDUCAÇÃO RELIGIOSA DEFICIENTE OU AUSENTE
– NL, **19, 34, 43**. – OM, **44, 48**.
V. Doenças e Falta de Educação Religiosa.

EDUCANDÁRIOS PARA JOVENS E CRIANÇAS
– NL, **32**. – ETC, **9, 11**.
V. Crianças.

EFEITO COMPTON
– MM, **3**.
V. Átomo.

EFEITO FOTOELÉTRICO
– MM, **3**.
V. Átomo.

EFEITOS FÍSICOS, MEDIUNIDADE DE,
– NDM, **28**. – MM, **17, 19, 26**.
V. Ectoplasma, Materialização no Plano Físico.

EFEITOS INTELECTUAIS, MEDIUNIDADE DE,
– MM, **18, 26**.

EGITO (ANTIGO) E A REENCARNAÇÃO
– AR, **1**.

EGOÍSMO
– NL, **1, 12, 19, 20, 27, 44, 47**. – OM, **11, 43**. – ML, **7**. – OVE, **5, 13**. – NMM, **11, 17**. – AC, **39**. – LI, **16, 19**. – ETC, **2, 8, 23, 31, 35**. – AR, **6, 13**. – AV, **10**.
V. Avareza, Egolatria, Misantropia, Personalismo, Usurário, Vaidade.

EGOLATRIA
– LI, **2**. – AR, **6, 13**.

EIDOLON
- EDM, Prefácio.
V. Perispírito.

EINSTEIN, Albert
- NDM, Prefácio. - MM, **3, 10.**

ELEMENTOS FORÇA (DAS ESFERAS MAIS ALTAS) E PRECE
- OM, **24, 25.**

ELETRICIDADE
- OM, **51.** - OVE, **10.** - LI, **6.** - NDM, Prefácio. - MM, **5, 15.**
V. Baterias Elétricas, Campo Eletromagnético, Cargas Elétricas e Mentais, Células Elétricas, Choque Elétrico, Circuitos Elétrico, Magnético e Mediúnico, Corrente Elétrica, Desintegradores Etéricos, Dínamo Espiritual, Efeito Fotoelétrico, Eletromagnetismo e Mediunidade, Eletrônica, Energia Elétrica (no Além), Energia Eletromagnética, Mento-Eletromagnéticos (Agentes,), Onda Eletromagnética (Mental), Projéteis Elétricos, Quimioeletromagnéticas Específicas (Propriedades,), Veículos Movidos à Eletricidade.

ELETROCHOQUE
- V. Choque Elétrico e Insulínico.

ELETROMAGNETISMO (ELETRICIDADE), VEÍCULOS MOVIDOS A,
- OM, **19, 33.**
V. Veículos.

ELETROMAGNETISMO E MEDIUNIDADE
- MM, **8.**

ELETROMAGNETISMO E PROTEÇÃO DE TEMPLO
- AR, **12.**

ELETRÔNICA
- MM, **2.**

ELÉTRONS
- EDM, 1ª Parte, **3.** - MM, **2, 3, 15.**
V. Átomo.

ELÉTRONS MENTAIS
- MM, **4, 15.**
V. Matéria Mental.

ELOS DESCONHECIDOS DA EVOLUÇÃO
- EDM, 1ª Parte, **3, 6,** 2ª Parte, **18.**
V. Evolução das Espécies.

"EMANAÇÃO ÓDICA" (DE REICHENBACH)
- LI, **11.**

EMANAÇÕES FLUÍDICAS VIRTUOSAS
- NDM, **3.**

EMANAÇÕES MENTAIS FÉTIDAS
- NL, **27.**
V. Mental e Mente, Formas Mentais Odiosas.

EMBRIOLOGIA
- ML, **13, 14.** - EDM, 1ª Parte, **6, 7, 19,** 2ª Parte, **13.**

V. Genética, Molde Perispirítico, "Sinais de Nascença".

EMERSÃO DO PASSADO (DO SUBCONSCIENTE)
– NDM, **22**.

EMOÇÕES
– OVE, **19**. – NDM, **7**. – SD, 2ª Parte, **14**.
V. Lei do Domínio Emotivo, Serenidade, Calma.

EMPREGO PÚBLICO E PRIVADO NA TERRA
– NL, **22**.

ENCARNAÇÃO
– V. Reencarnação.

ENCARNADOS VISITAM A CIDADE "NOSSO LAR"
– NL, **33**.

ENCEFALITE LETÁRGICA
– NMM, **6**.
V. Letargia.

ENCEFALIZAÇÃO
– EDM, 1ª Parte, **16**.
V. Cérebro.

ENDEMIAS RURAIS
– EDM, 2ª Parte, **19**.

ENDOCRINOLOGIA
– NMM, **11**. – EDM, 1ª Parte, **8**, **17**.
V. Epífise, Glândulas Endócrinas.

ENERGIA
– AR, **7**, **12**. – NDM, Prefácio. – EDM, 1ª Parte, **1**. – MM, **3**, **9**.

ENERGIA ATÔMICA (NO ALÉM)
– OVE, **10**. – LI, **1**.
V. Átomo Etérico.

ENERGIA CÓSMICA
V. Fluido Cósmico.

ENERGIA ELÉTRICA (NO ALÉM)
– NL, **11**. – OVE, **10**. – LI, **6**.
V. Eletricidade.

ENERGIA ELETROMAGNÉTICA
– OVE, **10**, **19**.
V. Eletricidade, Onda Eletromagnética (Mental), Magnetismo.

ENERGIA ESPIRITUAL
– NL, **12**. – EDM, 1ª Parte, **8**.

ENERGIA MENTAL
– LI, **2**. – AR, **12**, MM, **9**.
V. Pensamento, Mental e Mente.

ENERGIA PLÁSTICA DA MENTE
– LI, **11**.
(Sinônimos: "Emanação Ódica" de Reinchenbach, "Fluido Magnético" de Mesmer, "Spiritus subtilissimus" de Newton.)

ENERGIA RADIANTE
– ETC, **25**.
V. Energia Espiritual.

ENERGIAS MENTAIS CONSTRINGENTES
– NDM, **8**.

**ENERGIAS VITAIS
(SEDE DE)**
– OM, **33**.
V. Corpo Vital (ou Duplo Etéreo)

**ENFERMEIROS
ESPIRITUAIS**
– NL, **3, 4, 13, 20**. – OM, **18**. –
EVC, **6, 7**.
V. Espíritos Enfermos, Hospitais
na cidade "Nosso Lar", Hospitais nas Regiões Purgatoriais.

ENFERMIDADES
V. Doenças Físicas, Mentais, Psíquicas e da Alma.

ENGENHARIA CELESTE
– EDM, 1ª Parte, **1**.

ENGENHARIA ORGÂNICA
– ML, **14**.
V. Molde Perispirítico, Genética.

ENJOOS DA GRAVIDEZ
– ETC, **30**.
V. Gravidez.

**ENSINO RELIGIOSO NAS
ESCOLAS**
– CE, **42**.

ENTERRO
– OVE, **15**.
V. Cemitério.

ENTIDADES
V. Espíritos.

ENTIDADES MICROBIANAS
V. Microbiologia Psíquica.

**ENTRETENIMENTO
(NO ALÉM)**
– NL, **36, 39**.
V. Lazer.

**ENXERTIA MENTAL
(NEUROPSÍQUICA)**
– LI, **15**. – ETC, **30**. – NDM, **6**. –
SD, 1ª Parte, **6**.
V. Gravidez, Médium e Mediunidade, Mental e Mente, Obsessão e Obsessores.

ENZIMAS (OU FERMENTOS)
– EDM, 1ª Parte, **8**.

**EPÍFISE (GLÂNDULA
PINEAL)**
– ML, **1, 2, 13**. – NMM, **7, 9**. –
NDM, **3**. – AR, **19**. – EDM, **9**. –
MM, **14**.
V. Glândulas Endócrinas.

EPILEPSIA
– NMM, **8**. – ETC, **10**. – NDM, **9, 15**. – AR, **19**. – EDM, 1ª Parte, **8, 14**.
V. Obsessão e Obsessores, Psiquiatria.

EQUILÍBRIO
– ML, **3, 13**. – NMM, **4**. – AC, **30**.
– MM, **24, 25**.
V. Reforma Íntima, Fé, Sublimação, Prece e Renovação Íntima (e Equilíbrio).

ERA DO ESPÍRITO
– NDM, **1**.
V. Nova Era.

ÉREBO
- NMM, **18**.
V. Inferno, Purgatório.

EROTISMO
- AR, **15**.
V. Bacilos Psíquicos da Tortura Sexual, Sexo e Sexologia, Volúpia Sexual (no Além).

ERRATICIDADE
- OVE, Prefácio.

ERRO
- NL, **46**. - OM, **13**. - ML, **19**. - AR, **15**.
V. Fracasso Espiritual, Mal.

ERRO MÉDICO
- LI, **11**.

ESCOLA CONTRA O MEDO
- NL, **42, 43**.
V. Medo.

ESCOLA DAS MÃES (NO ALÉM)
- ETC, **9, 11, 26**.
V. Centro de Preparação à Maternidade e à Paternidade, Mãe, Maternidade.

ESCOLA DE VINGADORES
- AR, **8**.
V. Crime e Criminosos, Obsessão e Obsessores, Organizações Consagradas ao Mal.

ESCOLA DE MÉDIUNS E DOUTRINADORES
- OM, **3**.

ESCOLAS (NO ALÉM)
- NL, **32**. - OM, **3**. - OVE, **4**. - NMM, **17**. - ETC, **22**. - EVC, **7, 16, 26**.
V. Centro de Estudos, Cursos de Espiritualidade, Educação, Estudantes do Espiritualismo, Estudo, Grupo de Estudos Espiritualistas, Instituto de Ciências do Espírito.

ESCOLAS ESPIRITUALISTAS
- OM, **5**. - NMM, **1**.

ESCOLAS RELIGIOSAS
- ETC, **34**.
V. Atividade Religiosa, Igreja Católica Romana.

ESCOLHA DAS PROVAS
- AR, **18**.
V. Lembranças dos Compromissos Assumidos no Além, Provações, Provas Coletivas, Provas Retificadoras, Resgate, Resgate Solicitado pelo Espírito Endividado (Cassações).

ESCRAVIDÃO (NEGRA)
- NL, **34**. - LI, **7**.
V. Senhores e Senhoras de Escravos.

ESCRAVIDÃO NO ALÉM
- OM, **20**. - ML, **11**. - OVE, **8**. - LI, **4, 7, 15**. - EVC, **13**.
V. Espíritos escravizados pelos encarnados, Organizações Consagradas ao Mal.

ESCRITORES
– AC, **40**.
V. Literatura Espírita, Literatura no Além.

ESCRITORES DE MÁ-FÉ (IRRESPONSÁVEIS)
– NL, **17**. – LI, **17**. – AR, **19**.
V. Gênios Tirânicos da Filosofia, Ciência e Religião, Jornalismo Degradante, Literatura Feiticista, Literatura Fescenina (Obscena), Megalomania Intelectual, Usurário da Cultura.

ESCRITORES DESENCARNADOS
– NL, **17**.

ESFERA OBSCURA (CARNAL)
– NL, **5**. – OVE, **15**. – CA, desenhos.
V. Umbral, Crosta (Planetária)

"ESFERA DO RECOMEÇO"
– LI, **17**.
V. Reencarnação.

ESFERAS ESCURAS OU SUBCROSTAIS OU INFRATERRESTRES
– NL, **44**. – OVE, **4**, **10**, **15**. – LI, **4**, **7**. – NDM, **8**, **10**. – CA, desenhos.
V. Zonas Infernais.

ESFERAS ESPIRITUAIS
– NL, **3**, **7**. – OM, **15**. – OVE, **3**. – NMM, Prefácio. – LI, **1**. – ETC, **33**.– EDM, 1ª Parte, **13**. – EVC, **9**. – CA, **4** e ilustrações.

V. Plano Espiritual (ou Extrafísico), Topografia Astral, Trânsito entre as Esferas Espirituais.

ESFERAS ESPIRITUAIS RESPLANDECENTES
– NL, **32**.
V. Planos Superiores.

ESFERAS ESPIRITUAIS, PREPARO PARA A TRANSFERÊNCIA DE,
– NL, **16**.

ESFERAS SUPERIORES
V. Planos Superiores.

ESNOBISMO
– EV, **32**.

"ESPAÇO DAS NAÇÕES" (NO PLANO ESPIRITUAL)
– EDM, 2ª Parte, **2**, **7**.
V. Barreiras Idiomáticas, Linguagem dos Desencarnados.

ESPANCAMENTO DE ESPÍRITOS
V. Flagelação de Espíritos.

ESPELHO FLUÍDICO (TELEVISOR)
– NDM, **16**.
V. Aparelhos.

ESPERANÇA
– AC, **29**, **33**, **43**. – NDM, **5**. – EV, **34**. – EVC, **3**.

ESPÍRITA
– NL, **43**. – NDM, **13**. – CE. – OE, **3**, **7**, **29**, **53**. – SA, **56**, **57**, **58**.
V. Conduta Espírita, Ideal Espí-

rita, Profitentes de Outras Religiões (Os Espíritas e os,).

ESPÍRITA E COMUNIDADE
– SA, **34, 45**.

ESPÍRITA, FRACASSOS NA TAREFA,
– OM, **6, 9**. – SA, **35**.
V. Fracasso espiritual.

ESPIRITISMO
– NL, Prefácio, **43, 49**. – OM, **6, 12, 45**. – ML, Prefácio, **3, 5, 8**. – OVE, **12**. – NMM, **15**. – LI, **11**. – ETC, **36**. – NDM, **13, 15, 18, 24, 27, 29**. – AR, Prefácio, **16**. – EDM, Prefácio, 1ª Parte, **17, 20**. – MM, **24**. – CE, **46**. – OE. – SD, 2ª Parte, **3**. – SA, **5**. – EV, **40**. – AVR, **2**.
V. Allan Kardec, Codificação Kardequiana, Estudo do Espiritismo, Evolução do Espiritismo, Imprensa Espírita, Literatura Espírita, Mediunidade e Espiritismo, Metapsíquica, O Consolador, Parapsicologia, Práticas Estranhas ao Espiritismo, Propaganda Espírita, Religião Espírita.

ESPIRITISMO E CIÊNCIA
– NDM, Prefácio – EDM, Prefácio. – SA, **6**.

ESPIRITISMO E DESEQUILÍBRIO ESPIRITUAL (OBSESSÃO)
– MM, **24**.

ESPIRITISMO E EDUCAÇÃO
– SA, **46, 56**.
V. Educação.

ESPIRITISMO E ORGANIZAÇÃO
– SA, **54**.

ESPIRITISMO EVANGÉLICO (COM JESUS)
– OM, **12**. – ML, **8**. – OVE, **12**. – NMM, **15**. – LI, **11**. – NDM **18**. – EDM, 1ª Parte, Prefácio. – SA, **56, 70**. – EP, **31**.
V. Religião Espírita.

ESPIRITISMO, EVOLUÇÃO DO,
– SA, **6**.

ESPIRITISMO, MISSÃO DO,
– OM, **6, 10**. – ML, Prefácio.

ESPÍRITO(S)
– ML, **3, 9**. – NMM, **4, 7**. – LI, **1, 2**. – ETC, **21**. – NDM, Prefácio – AR, **7**. – EDM, Prefácio, 1ª Parte, **4**. – MM, **5**. – OE, **43**. – SD, 1ª Parte, **6**.
V. Agentes Divinos, Alma, Almas Afins, Almas Gêmeas, Anjo da Guarda, Arquitetos da Sabedoria Divina, Assessores Espirituais, Construtores Divinos, Cores dos Desencarnados, Cura de Doenças Físicas pelos Espíritos, "Eu" verdadeiro no Além, Força Física Transmitida pelos Espíritos, Gênese do Espírito, Gênios Cruéis, Gênios Invisíveis (Familiares ou Tutelares), Gênios Polimorfos, Gênios Tirânicos da Filosofia, da Ciência e da Religião, Gênios Veneráveis, Governador Espiritual da Terra,

Gravidez Frustrada quando não há Espírito Reencarnante, Gravitação para o Espírito (Princípios de,), Guardiões das Trevas, Guia Espiritual, Inteligências Divinas, Inteligência Sub-Humana, Jesus, Legiões Infernais, Malfeitores Espirituais, Médicos Espirituais, Mensageiros da Luz, Ministros Angélicos da Sabedoria Divina, Monstros, Múmias Espirituais, Odor dos Espíritos, Obsessão e Obsessores, Presença Espiritual Invisível (no Além), Radiações Luminosas de Desencarnados, Satanás, Selvagem Desencarnado, Servidores da Organogênese Terrestre, Servidores do Reino Vegetal.

ESPÍRITO ATRAVESSANDO A MATÉRIA
– SD, **6**.

ESPÍRITO DE VERDADE
– ML, **9**.

ESPÍRITO E MATÉRIA
– NMM, **4**. – LI, **1**.

ESPÍRITO PRESO ÀS VÍSCERAS CADAVÉRICAS
– OVE, **15**.
V. Morte (Desencarnação).

ESPÍRITO REENCARNANTE DURANTE A GRAVIDEZ
– ML, **15**. – NMM, **10**. – SD, 2ª Parte, **11**. – EVC, **26**.

ESPÍRITOS ANGÉLICOS
– NDM, **2**. – AR, **3**, **7**.

V. Espíritos Construtores, Jesus, Mensageiros da Luz, Ministros Angélicos da Sabedoria Divina, Potências Angélicas do Amor Divino.

ESPÍRITOS ANIMALESCOS (MONSTRUOSOS)
– NL, **1**, **2**. – OM, **37**.

ESPÍRITOS APEGADOS À CROSTA TERRESTRE
– NMM, **3**.

ESPÍRITOS BENFEITORES
– ML, **7**, OVE, **3**.

ESPÍRITOS BENFEITORES, ATIVIDADES NOTURNAS E DIURNAS, NA CROSTA, DOS,
– OM, **41**.

ESPÍRITOS CONSTRUTORES
– ML, **13**, **14**, **15**. – EDM, 1ª Parte, **3**, **7**.

ESPÍRITOS DAS TREVAS
– NL, **24**. – ML, **11**. – OVE, **8**.

ESPÍRITOS DE CARACTERES HUMANOS PRIMITIVISTAS
– OVE, **6**. – LI, **4**.

ESPÍRITOS DE ENCARNADOS EM OUTROS PLANOS ESPIRITUAIS
– NL, **33**.

ESPÍRITOS DE ORDEM PRIMÁRIA
– LI, **11**.

V. Inteligência Artesanal, Perispírito do Selvagem, Selvagem Desencarnado.

ESPÍRITOS DELINQUENTES
– OM, **20**. – ML, **11**. – OVE, **8**, **14**, **15**. – LI, **2**, **16**. – AR, **1**. – SD, 1ª Parte, **6**.
V. Crime e Criminosos.

ESPÍRITOS DEMENTADOS
– NL, **5**, **28**. – OM, **20**, **21**. – LI, **4**, **7**. – ETC, **7**, **14**. – NDM, **6**, **10**, **14**, **15**. – AR, **4**, **17**.
V. Loucos e Loucura (Encarnados e Desencarnados).

ESPÍRITOS DOS SEPULCROS
– OVE, **15**.

ESPÍRITOS E ÁTOMOS
– MM, **5**.

ESPÍRITOS EM LIBERTAÇÃO (DE ZONAS INFERIORES)
– OVE, **10**.

ESPÍRITOS EMBRIAGADOS
– NDM, **15**.
V. Alcoolismo, Delirium Tremens, Obsessão e alcoolismo.

ESPÍRITOS ENDEMONINHADOS (DIABÓLICOS)
– OM, **20**. – ML, **11**. – OVE, **8**, **15**.
V. Obsessão e Obsessores.

ESPÍRITOS ENFERMOS
– NL, **5**. – OM, **10**, **43**, **44**. – OVE, **5**, **6**, **8**. – NMM, **3**, **4**. – LI, **4**. – ETC, **9**. – NDM, **4**, **6**. – AR, **2**, **5**, **6**, **9**. – EDM, 1ª Parte, **19**, 2ª Parte, **19**. – MM, **24**. – EVC, **13**, **16**.
V. Reencarnação – Único Remédio de Espírito Doente, Tratamento Médico no Além (de Encarnados e Desencarnados).

ESPÍRITOS, ENGANOS ANTE OS,
– OE, **43**.

ESPÍRITOS ESCRAVIZADOS PELOS ENCARNADOS
– OM, **46**.

ESPÍRITOS EXILADOS (DE OUTRO SISTEMA CÓSMICO)
– EDM, 1ª Parte, **20**.

ESPÍRITOS FUMANTES
V. Tabagismo no Além.

ESPÍRITOS HIPOCONDRÍACOS
– OM, **43**.

ESPÍRITOS INFERIORES, AFASTAMENTO DE,
– SD, 1ª Parte, **6**.

ESPÍRITOS INFERIORES EM VIAS PÚBLICAS TERRESTRES
– OM, **37**. – ML, **7**.

ESPÍRITOS MUTILADOS
– NL, **5**. – LI, **4**, **7**. – AR, **2**. – NDM, **4**.

ESPÍRITOS PARALÍTICOS
– NL, **5**.

ESPÍRITOS PERVERSOS (MALFEITORES)
– OM, **43**. – ML, **11**. – OVE, **4, 8, 10, 14**. – NDM, **8**.
V. Crime e Criminosos, Obsessão e Obsessores.

ESPÍRITOS PROTETORES (GUARDAS REGIONAIS)
– OM, **11, 41**.

ESPÍRITOS PUROS
– ETC, **21**.

ESPÍRITOS SELETORES
– LI, **5**.

ESPÍRITOS SERVIDORES DA NATUREZA
– NL, **50**. – OM, **41**. – EDM, 1ª Parte, **17**, 2ª Parte, **18**.

ESPÍRITOS SOFREDORES
– OM, **43**. – ML, **11**. – NDM, **4, 16**. – CE, **24**.

ESPÍRITOS SUPERIORES
– OVE, **3, 9**. – AR, **3**.

ESPÍRITOS VAGABUNDOS
– OVE, **15**.
V. Campos de Repouso, Inativos (em "Nosso Lar"), Preguiça.

ESPÍRITOS VISITADORES (GUARDAS)
– ML, **11**.

ESPIRITUALIDADE
– NL, Prefácio. – OM, Prefácio. – ML, Prefácio. – NDM, **17**. – EV, **2**.

ESPIRITUALISMO
– NL, Prefácio. – OM, Prefácio. – NMM, **2**.
V. Escolas Espiritualistas.

ESPORTE DA ALMA
– ML, **2**. – EV, **13**.

ESPOSA E ESPOSO
V. Cônjuges.

ESQUECIMENTO DE OUTRAS VIDAS
– NL, **39**. – OM, **38**. – ML, **12, 13**. – OVE, **5**. – NMM, **4**. – LI, **3**. – ETC, **8**. – AR, **2**. – EVC, **11, 26**.
V. Memória, Recordações de Vidas Passadas.

ESQUECIMENTO PROVIDENCIAL E PROVOCADO NA ESPIRITUALIDADE
– ML, **15**. – SD, 2ª Parte, **13**.

ESQUIZOFRENIA
– NMM, **12, 16**. – NDM, **25**. – EDM, 1ª Parte, **8**. – MM, **24**.
V. Psiquiatria, Psiquiatria e Obsessão.

ESTRADAS NO ALÉM
– NL, **10**. – OM, **33**.

ESTRADAS TERRESTRES, ESPÍRITOS PROTETORES DAS,
– OM, **41**.

ESTUDANTES DO ESPIRITUALISMO
– NMM, **1**.

ESTUDO
– ML, **9**. – LI, **16**. – AR, **14**, **19**. – DO, **66**, **72**. – SA, **1**.– EV, Prefácio.
V. Centro de Estudos.

ESTUDO DO ESPIRITISMO
– NDM, **17**. – DO, **66**. – EV, Prefácio – SA, **64**.

"ÉTER"
– MM, **3**.
V. Campo de Einstein.

"EU"
– ML, **13**. – NMM, **2**. – OVE, **9**. – LI, **7**. – OE, **1**.
V. Personalidade.

"EU" VERDADEIRO NO ALÉM
– EVC, **13**.

EUTANÁSIA
– NL, **30**. – OVE, **18**, **19**. – NMM, **7**. – SD, 2ª Parte, **7**.
V. Morte.

EVANGELHO (DE NOSSO SENHOR JESUS CRISTO)
– NL, Prefácio, **36**, **42**. – OM, **1**, **7**, **10**, **11**, **42**, **45**, **46**. – ML, **12**. – OVE, **3**, **11**. – NMM, **9**, **15**. – AC, **5**. – NDM, **20**. – AR, Prefácio. – EDM, Prefácio. – MM, **26**. – AV, **10**. – AVR, **4**.
V. Culto do Evangelho no Lar, Culto Familiar (no Além), Evangélicos (Textos,) (Novo Testamento), Jesus, Velho Testamento (Textos do,).

EVANGELHO E MEDIUNIDADE
– MM, **26**.

EVANGELHO NO LAR
V. Culto do Evangelho no Lar.

"EVANGELHO SEGUNDO O ESPIRITISMO (O)"
– CE, **45**. – SD, 2ª Parte, **2**, **3**, **7**. – DO, **10**, **27**, **28**.

EVANGÉLICOS, TEXTOS, (NOVO TESTAMENTO)
– "Há maior ALEGRIA em dar que em receber" – NL, **36**. – OM, **47**.

– "AMA o próximo como a ti mesmo" – SA, **63**. – BA, **6**.

– "AMAI a vossos inimigos" – OVE, **3**. – NMM, **4**. – LI, **12**. – AR, **9**. – EVC, **23**. – SV, **12**.

– "AMAI-VOS uns aos outros" – NL, **18**, **49**. – NMM, **11**, **15**. – CE, **20**. – OE, **11**. – RV, **8**.

– "AMAR a Deus sobre todas as coisas" – NL, **49**.

– "AMOR (ou Caridade) que cobre a multidão dos pecados" – AR, **16**, **18**. – EDM, 2ª Parte, **14**.

– "ANDAI, enquanto tendes luz" – LI, **6**.

– "ANDAI como filhos da luz" – CE, **7**.

– "Vede prudentemente como ANDAIS" – CE, **6**.

- "Não procures o ARGUEIRO nos olhos de teu irmão" – AV, **16**.

- "BATEI e abrir-se-vos-á" – OM, **27**.

- "BUSCA e acharás" – OVE, **4**.
– SV, **24**. – BA, Prefácio e **15**.

- "Bem-aventurados os BRANDOS de coração" – SA, **53**.

- "CARIDADE fraternal" – OVE, **3**.

- "Todas as vossas coisas sejam feitas com CARIDADE" – CE, **33**.

- "Vinde a mim todos os que estais CANSADOS e oprimidos" – CE, **35**.

- CASAMENTO na Eternidade e vida dos anjos – NL, **38**.

- "Dai a CÉSAR o que é de César, e a DEUS o que é de Deus" – CE, **31**.

- "Muitos os CHAMADOS..." – NL, **5**. – ML, **8**.

- "A CIÊNCIA incha, mas o AMOR edifica" – CE, **43**.

- "Nem todas as COISAS me convém" – CE, **40**.

- O CONSOLADOR – NL, **43**.

- "Somos COOPERADORES de DEUS" – CE, **32**.

- "Glorificai a DEUS no vosso CORPO" – EDM, 2ª Parte, **17**. – CE, **34**.

- "Se há corpo animal, há também CORPO ESPIRITUAL" – LI, **6**. – EDM, Prefácio.

- "A CRIAÇÃO ficou sujeita à vaidade" – OM, **42**.

- "Deixai vir a mim as CRIANÇAS" – CE, **21**.

- Demônios somente regenerados pelo jejum e pela prece – NMM, **5**.

- "Nos últimos dias, do Meu Espírito DERRAMAREI sobre toda a carne" – CE, **27**.

- "DEUS não é Deus dos mortos" – OM, **48**.

- "Em DEUS nos movemos..." – EDM, 1ª Parte, **1**.

- "E a paz de DEUS guardará os vossos corações e sentimentos em Cristo" – CE, **44**.

- "Vós sois DEUSES" – ML, **9**.

- Legiões dos gênios DIABÓLICOS – OVE, **4**.

- É necessário que ELE cresça e eu diminua" – CE, **13**.

- "Se a vossa mão for motivo de ESCÂNDALO..." – ML, **12**.

- "Toda ESCRITURA divinamente inspirada é proveitosa" – CE, **15**.

- "Não creais a todo ESPÍRITO..." – CE, **25**.

- "O ESPÍRITO sopra onde quer" – NL, Prefácio.

- "EXAMINAI tudo. Retende o bem." – CE, **41**. – OE, **9**.

- "FALA o que convém à sã doutrina" – CE, **16**.

– Piedade e cuidados para com a própria FAMÍLIA – CE, **5**, **19**.

– A nossa FAMÍLIA se encontra em toda parte – OVE, **1**.

– Tudo quanto fizerdes, FAZEI--O de todo o coração, como ao Senhor" – CE, **47**.

– "Que FAZEIS de especial?" – CE, **46**.

– "Examinai-vos a vós mesmos, se permaneceis na FÉ" – CE, **18**.

– "Ouvireis falar de GUERRAS..." – NL, **42**.

– "Basta um HOMEM para uma mulher e basta uma MULHER para um homem" – SD, 2ª Parte, **10**.

– "IDE e ensinai" – CE, **42**.

– "IDE e pregai" – OE, **37**.

– "Não JULGUEIS..." – EVC, **12**.

– Ressurreição de LÁZARO – OVE, **16**.

– Lágrimas de Jesus e LÁZARO morto – SD, 1ª Parte, **13**.

– "Qual é o teu nome? E ele disse: LEGIÃO" – DO, Prefácio.

– "O MAIOR no Reino será aquele que se converter em servo de todos" – LI, **6**.

– Abandonando o MAL, "para que te não suceda coisa pior" – NMM, **8**.

– "Todo aquele que comete o MAL é escravo do mal" – AR, **15**.

– "Vede que ninguém dê a ou-

trem MAL por MAL" – CE, **39**.

– "A MANIFESTAÇÃO DO ESPÍRITO é dada a cada um, para o que for útil" – CE, **4**.

– "Não saiba a MÃO esquerda o que dá a direita" – LI, **4**.

– "MARTA, Marta, uma só coisa é necessária" – CE, **1**.

– "MEDITA estas coisas; ocupate nelas..." – CE, **45**.

– Não sejais MENINOS no entendimento" – CE, **29**.

– "MISERICÓRDIA e não sacrifício" – SA, **62**.

– "Foge aos desejos da MOCIDADE" – CE, **2**.

– "Se alguém guardar a minha palavra, nunca verá a MORTE" – CE, **36**.

– "Os MORTOS devem enterrar seus mortos" – NL, **23**.

– Parábola do grão de MOSTARDA – OM, **35**.

– "Fazei todas as coisas sem MURMURAÇÕES nem contendas" – CE, **17**.

– "Fazei tudo em NOME do Senhor Jesus..." – CE, **12**.

– "A cada um segundo suas OBRAS" – ML, **12**. – OVE, **12**. – NDM, Prefácio. – AR, **14**. – EDM, 2ª Parte, **14**, **15**. – EVC, **13**.

– ORAÇÃO pelos que nos perseguem e caluniam. – NMM, **4**. – EVC, **23**.

– "ORAI e vigiai" – OM, **40**. –

NDM, **5**. – CE, **26**. – SA, **7**, **61**. – EP, **24**.

– "Não saia da vossa boca nenhuma PALAVRA torpe" – CE, **14**.

– "Nem só de PÃO vive o homem" – NL, **18**.

– "Sigamos as coisas que contribuem para a PAZ e edificação" – CE, **9**.

– "Muito se PEDIRÁ de quem muito recebeu" – NDM, **16**.

– "Atire a primeira PEDRA" – SV, **37**.

– "Quando o fizestes a um destes PEQUENINOS irmãos, a mim o fizestes" – CE, **22**.

– PERDOAR setenta vezes sete. – OVE, **9**. – ETC, **6**.

– Quem PERSEVERAR até o fim, será salvo. – LI, **20**.

– "Mas é grande ganho a PIEDADE com contentamento" – CE, **24**.

– "Eu sou a PORTA..." – ML, **9**.

– "Eis que estou à PORTA e bato" – LI, **2**.

– "PORTA estreita" – NMM, **13**.

– "Não vos QUEIXEIS uns contra os outros" – CE, **23**.

– "E rejeita as QUESTÕES loucas..." – CE, **30**.

– "Como RECEBESTES o Senhor Jesus, assim também andai nele" – CE, **3**.

– "RECONCILIAI-VOS, o mais depressa, com vosso adversário..." – NL, **35**, **39**. – ETC, **31**. – AR, **9**.

– "Por agora, o meu REINO não é daqui" – LI, **1**.

– "Onde estiverem dois ou três REUNIDOS em Meu Nome..." – CE, **11**.

– Parábola do Homem RICO – OVE, **8**.

– "O SÁBADO foi feito por causa do homem..." – CE, **37**.

– "Rogo-Te lhe imponhas as mãos para que SARE e viva" – CE, **28**.

– "Nenhum servo pode servir a dois SENHORES" – CE, **10**.

– "O vosso TEMPO sempre está pronto" – CE, **38**.

– "O homem terá o seu TESOURO onde guarde o coração" – ETC, **33**.

– "Nuvem de TESTEMUNHAS" – OM, **50**.

– "Meu Pai TRABALHA até agora, e eu trabalho também" – CE, **8**.

– Lutar contra príncipes das TREVAS nas regiões celestes. (Paulo aos Efésios) – LI, **1**.

– "A VERDADE nos fará livres" – SA, **4**.

– "Faça-se a Vossa VONTADE" – OVE, **19**. – SA, **51**.

– "Brilhe vossa LUZ" – AV, **1**.

– MATEUS, 1:19 – MM, **26**, 5:44 – OVE, **3**, 5:47 – CE, **46**, 7:1 a 4

– EVC, **12**, 9:22 e 9:29 – MM, **26**, 11:28 – CE, **35**, 18:20 – CE, **11**, 19:7-8 – AR, **14**, 25:40 – CE, **22**, 28:19 – CE, **42**.

– MARCOS, 2:27 – CE, **37**, 4:35-41 – MM, **26**, 5:23 – CE, **28**, 6:49-50 – MM, **26**.

– LUCAS, 1:5, 1:30, 2:25 e 2:37 – MM, **26**, 2:46 – MM, **26**, 9:28 – MM, **26**, 10:41 e 42 – CE, **1**, 16:3 – CE, **10**, 16:19-31 – OVE, **8**, 18:31-34 – MM, **26**, 20:25 – CE, **31**, 22:22-43 – MM, **26**, 22:31-34 – MM, **26**.

– JOÃO, 2:1-12 – MM, **26**, 3:30 – CE, **13**, 5:14 – MM, **26**, 5:17 – CE, **8**, 6:1-15 – MM, **26**, 7:6 – CE, **38**, 7:30 – MM, **26**, 8:34 – AR, **15**, 8:51 – CE, **36**, 12:28-30 – MM, **26**, 13:21-22 – MM, **26**.

– ATOS, 2:1-13, 3:4-6, 5:18-20, 8:7, 9:3-7 e 9:17 – MM, Prefácio.

– ATOS, 2:17 – CE, **27**.

– ATOS, 9:10-11, 11:28, 13:1-4 e 16:9-10 – MM, Prefácio.

– ATOS, 17:28 – EDM, 1ª Parte, **1**.

– EPÍSTOLA DE PAULO AOS ROMANOS, 8:19-21 – OM, **42**, 14:19 – CE, **9**.

– I AOS CORÍNTIOS, 3:9 – CE, **32**, 6:12 – CE, **40**, 6:19-20 – EDM, 2ª Parte, **17**, 6:20 – CE, **34**, 8:1 – CE, **43**, 12:7 – CE, **4**, 14:20 – CE, **29**, 15:44 – OVE, **16**. – LI, **6**, – EDM, Prefácio, 16:14 – CE, **33**.

– II AOS CORÍNTIOS, 13:5 – CE, **18**.

– AOS EFÉSIOS, 4:29 – CE, **14**, 5:8 – CE, **7**, 5:15 – CE, **6**.

– AOS FILIPENSES, 2:14 – CE, **17**, 4:7 – CE, **44**.

– AOS COLOSSENSES, 2:7 – CE, **3**, 3:17 – CE, **12**, 3:23 – CE, **47**.

– I AOS TESSALONICENSES, 4:9 – OVE, **3**, 5:15 – CE, **39**, 5:21 – CE, **41**, – OE, **9**.

– I A TIMÓTEO, 4:15 – CE, **45**, 5:4 – CE, **5**, 5:8 – CE, **19**, 6:6 – CE, **24**, 6:11 – OVE, **3**.

– II A TIMÓTEO, 2:22 – CE, **2**, 2:23 – CE, **30**, 3:16 – CE, **15**.

– A TITO, 2:1 – CE, **16**.

– AOS HEBREUS, 12:1 – OM, **50**.

– TIAGO, 5:9 – CE, **23**.

– I PEDRO, 4:8 – AR, **16**, **18**, – EDM, 2ª Parte, **14**.

– I JOÃO, 4:1 – CE, **25**.

EVANGELIZAÇÃO
– OVE, **12**. – NMM, **2**. – AR, **7**, **16**. – EVC, **16**.

EVANGELIZAÇÃO INFANTIL
– CE, **21**.

EVOCAÇÃO DE ESPÍRITO
– OVE, **14**. – ETC, **1**. – NDM, **18**, **20**, **21**. – CE, **25**. – SD, 1ª Parte, **10**.

EVOLUÇÃO DAS ESPÉCIES
– ML, **13**, **14**.– NMM, **4**. – LI, **1**. – ETC, **29**. – EDM, 1ª Parte, **2**, **3**, **4**, **6**, 2ª Parte, **18**.
V. Ontogênese recapitula a Filo-

gênese (A), Tempo da Evolução das Espécies.

EVOLUÇÃO DAS ESPÉCIES E OS ESPÍRITOS CONSTRUTORES
– EDM, 2ª Parte, **18.**
V. Espíritos Servidores da Natureza, Servidores do Reino Vegetal.

EVOLUÇÃO DO AMOR
– EDM, 1ª Parte, **18.** – NMM, **11.**
V. Amor, Evolução, Sexo e Sexologia.

EVOLUÇÃO DO ESPIRITISMO
– SA, **6.**

EVOLUÇÃO DO PERISPÍRITO (OU CORPO ESPIRITUAL)
– EDM, 1ª Parte, **2, 3.**

EVOLUÇÃO E CÉREBRO
– EDM, 1ª Parte, **9.**

EVOLUÇÃO E CORPO ESPIRITUAL (OU PERISPÍRITO)
– ETC, **21.** – NMM, **3.** – EDM, 1ª Parte, **3.**

EVOLUÇÃO E HEREDITARIEDADE
– EDM, 1ª Parte, **7.**

EVOLUÇÃO E METABOLISMO
– EDM, 1ª Parte, **8.**

EVOLUÇÃO E PRINCÍPIOS COSMOCINÉTICOS
– EDM, 1ª Parte, **4.**

EVOLUÇÃO E REENCARNAÇÃO
– ML, **13.** – OVE, **19.** – NMM, **4.** – ETC, **29.** – EDM, 1ª P, **6, 19.** – AR, **11.**

EVOLUÇÃO E SEXO
V. Sexo e Evolução.

EVOLUÇÃO ESPIRITUAL
– NL, **7, 44.** – ML, **3, 6, 8, 12.** – OVE, **7.** – NMM, **1, 2, 3, 4, 7.** – LI, **1, 3, 6, 13.** – ETC, **33.** – NDM, **11.** – AR, **7, 19.** – EDM, 1ª Parte, **2, 3, 4, 19,** 2ª Parte, **18.** – MM, **11.** – EVC, **21.**
V. Dor-Evolução, Experiências Frustradas (Recapitulação de,), Infância Espiritual, Luta Evolutiva, Minerais e Evolução, Mônadas Celestes, Vegetais e Evolução.

EVOLUÇÃO ESPIRITUAL E INFLUÊNCIA AMBIENTAL
– ML, **13.**

EVOLUÇÃO ESPIRITUAL E TEMPO
– NL, **32.** – LI, **2, 3.** – ETC, **23.** – NDM, **8, 23, 25, 26.** – AR, **1, 7, 10, 13.**

EVOLUÇÃO MORFOLÓGICA E MORAL
– EDM, 1ª Parte, **11.**
V. Ética, Moral, Virtude.

EXEMPLO
OM, **11**. – ML, **18**. – EDM, 1ª
Parte, **15**. – OE, **23**. – EVC, **13**.
V. Contágio pelo Exemplo, Teste-
munho.

ÊXITO
– RV, **3**.
V. Vitória.

**EXPERIÊNCIAS
FRUSTRADAS,
RECAPITULAÇÃO DE,**
– AR, **7**.

EXPIAÇÃO
– NDM, **24**. – AR, **12**, **13**, **14**, **16**,
17, **18**.

F

FABIANO DE CRISTO
– OVE, **4**.

**FÁBRICAS (EM "NOSSO
LAR")**
– NL, **26**.
V. Indústrias, Oficinas.

FADIGA DOS ESPÍRITOS
V. Lazer, Descanso dos Espíritos.

**FALANGES ESPIRITUAIS DA
LUZ (FRATERNIDADES)**
– NL, **24**, **32**, **41**.

**FALANGES ESPIRITUAIS
DAS TREVAS**
– NL, **24**.

FALSIDADE
– NL, **16**.

**FALTAS COMETIDAS,
SISTEMA DE VERIFICAÇÃO
DE,**
– NL, **4**.

FAMÍLIA
– NL, **1**, **6**, **47**, **49**. – ML, **8**, **13**. –
OVE, **1**, **11**. – NMM, **8**, **11**. – LI,
15. – ETC, **33**, **39**. – NDM, **30**. –
AR, **15**, **18**, **19**. – EDM, 2ª Parte,
7. – OE, **29**. – SD, 1ª Parte, **1**,
8. – EV, **40**. – EVC, **21**. – RV, **30**.
V. Aborto, Adultério, Casamen-
to, Casamento na Espirituali-
dade, Centro Indutor do Lar,
Ciúme, Conflitos Familiares e
Reencarnação, Cônjuges, Culto
do Evangelho no Lar, Divórcio,
Filho Adotivo, Filhos, Filhos-
-Problemas, Honrar Pai e Mãe,
Lar, Mãe, Maternidade, Mesa
Familiar, Monogamia, Noivado,
Numes Familiares, Orfandade,
Pai, Parentes, Paternidade, Po-
ligamia, Sexo e Maternidade,
Sexo e Matrimônio, Vida Social
dos Desencarnados.

FAMÍLIA NO ALÉM
– NL, **17**, **20**, **48**. – OM, **28**, **29**,
30.

FAMÍLIA UNIVERSAL
– OM, **21**. – LI, **1**.

FANATISMO
– AC, **6**. – CE, **23**, **46**. – EDM,
1ª P, **14**.

FAQUIRISMO
– EDM, 1ª P, **5**. – MM, **14**, **23**.

FASCINAÇÃO HIPNÓTICA
– NDM, **23**. – AR, **4, 5**.
V. Obsessão e Obsessores.

FATALIDADE
– NL, **46**. – ETC, **2**.
V. Determinismo, Destino.

FATOR DE FIXAÇÃO (PIGMENTO OCRE DO NEURÔNIO)
– EDM, 1ª Parte, **9**.
V. Cérebro.

FATORES DA HEREDITARIEDADE
– EDM, 1ª Parte, **7**.
V. Hereditariedade.

FATOS MOMENTOSOS
– CE, **39**.

FÉ (RELIGIOSA)
– NL, **1**. – OM, **22, 40, 51**. – OVE, **12, 16**. – NMM, **2, 8, 9, 15**. – AC, **33, 40, 43, 49**. – LI, **9, 15**. – NDM, **3, 13, 17, 29**. – AR, **16, 17**. – EVC, **8**. – RV, **2**.
V. Providência Divina, Religião.

FECUNDAÇÕES FÍSICAS E PSÍQUICAS
– ML, **13, 14**.
V. Genética.

FEITIÇO
V. Magia Negra.

FELICIDADE
– NL, **25**. – OVE, **1**. – NMM, **4**. – AC, **43, 50**. – LI, **20**. – EVC, **16, 22, 26**. – SV, **26, 34, 45**. – RV, **4**. – AV, **6**.

FEMINILIDADE
– NMM, **11**. – EDM, 2ª Parte, **12**. – SD, 2ª Parte, **9**.
V. Masculinidade, Sexo e Sexologia.

FENÔMENO MEDIÚNICO
– NL, **43**. – ML, **9**. – CE, **29**. – OE, **31**.
V. Médium e Mediunidade, Paixão do Fenômeno Mediúnico.

"FENÔMENOS DE MONIÇÃO"
– NDM, **21**.

FENÔMENOS EXPLICÁVEIS PELA SATURAÇÃO MAGNÉTICA
– EDM, 1ª Parte, **5**. – MM, **14**.

FÉRIAS
– NL, **8**.

FERROMAGNETISMO E MEDIUNIDADE
– MM, **8**.

FESTAS
– CE, **37**. – SV, **42**.

FETO (HUMANO)
– ML, **13**. – ETC, **29**.

FICHA DE IDENTIFICAÇÃO DOS ESPÍRITOS
– NL, **21**. – AR, **6, 10, 18**. – SD, 2ª Parte, **9, 13**. – EVC, **9, 10, 11, 15, 22**.
V. Arquivo de Memórias e Registros Individuais, Identificação dos Espíritos (no Além).

FICHA DE SERVIÇO INDIVIDUAL
– NL, **22**.
V. Bônus-Hora.

FICHA PSICOSCÓPICA
– NDM, **2, 3**.

FILHO ADOTIVO
– AR, **16**. – SD, 1ª Parte, **7**. – EVC, **26**.

FILHOS
– NL, **30, 33, 48**. – OM, **1, 36**. – ML, **12**. – OVE, **9**. – ETC, **6, 12, 37, 39**. – AR, **4, 10, 13, 15, 19**. – MM, **16** . – EVC, **23**. – RV, **30**.
V. Família.

FILHOS-PROBLEMAS
– OM, **36**. – OVE, **2**. – LI, **7**. – ETC, **39**. – AR, **15, 19**. – EDM, 1ª Parte, **18**. – MM, **16**. – CE, **1**. – EVC, **23**. – RV, **30**. – EP, **8, 12, 16**. – TN, **17**.
V. Famílias, Filhos, Resgate Solicitado pelo Espírito Endividado.

FILOSOFIA
– NMM, **7**. – AV, **2**.

FILTRAGEM MEDIÚNICA
– NDM, **17**. – MM, **18**.

FILTROS DE TRANSFORMISMO
– EDM, 1ª Parte, **6**.
V. Evolução Espiritual, Evolução das Espécies.

FIO PRATEADO
V. Cordão Fluídico (Prateado)

FIXAÇÃO MENTAL
– ML, **11**. – NMM, **4**. – ETC, **16**. – NDM, **4, 5, 8, 25**. – AR, **4, 8, 20**. – EDM, 1ª Parte, **18**.
V. Pensamento "Fixo-Depressivo".

FIXAÇÃO MENTAL, (NO CÉREBRO) CAMPOS DE,
V. Cérebro (Três Regiões Principais do,).

FIXAÇÕES INFANTOJUVENIS
– EDM, 2ª Parte, **8**.
V. Psicanálise, Psiquiatria.

FLAGELAÇÃO DE ESPÍRITOS
– OVE, **8**. – AR, **3, 5, 20**. – EDM, 2ª Parte, **3**.
V. Raios de Flagelação, Tempestade Magnética, Tormenta de Fogo, "Vastação Purificadora".

FLAGELAÇÃO MENTAL
– AR, **20**.

FLOCOS FLUÍDICOS (LUMINOSOS)
– OM, **24, 25**.

FLORES
– NL, **3, 7, 10, 23, 32, 36, 37, 38, 45**. – OM, **2, 3, 16**. – ML, **20**. – OVE, **9**. – LI, **3**. – ETC, **8, 9, 26**. – AR, **20**. – SD, 2ª Parte, **9**. – EVC, **5, 8, 14**.
V. Árvores, Duplo da Flor.

FLORES FLUÍDICAS
– NL, **3, 42**. – OM, **32**.

FLORES QUE RETÊM A LUZ
– NL, **36**. – OVE, **1, 17**. – ETC, **24**.

FLORESTA
– OM, **41**.

FLUIDO CARNAL (HUMANO)
– NL, **15**. – OM, **41**. – ML, **1, 7**.
– AR, **18**. – EDM, 1ª Parte, **13**. –
SD, 2ª Parte, **4**.

**FLUIDO CÓSMICO
(OU ELEMENTAR
OU UNIVERSAL)**
– LI, **11**. – EDM, 1ª Parte, **1**. –
MM, **3, 4, 22**.
V. Força Nervosa do Todo-Sábio,
Geleia Cósmica, Hálito Divino,
Hausto Corpuscular de Deus,
Hausto do Criador, Matéria Pri-
mária, Plasma Divino, Sopro do
Criador.

**FLUIDO DE PLANTAS
MEDICINAIS**
V. Plantas Medicinais.

FLUIDO DOS ESPÍRITOS
– ML, **1**.

FLUIDO MAGNÉTICO
– EDM, 2ª Parte, **15**.
V. Magnetismo.

**"FLUIDO MAGNÉTICO"
DE MESMER**
– LI, **11**.

**FLUIDO MENTAL
(OU PENSAMENTO OU
MATÉRIA MENTAL)**
– NL, **12**. – EDM, 1ª Parte, **13**.
V. Mental e Mente, Pensamento.

FLUIDO VIVO
– EDM, 1ª Parte, **13**. – MM, **10**.
V. Fluido Carnal (Humano),
Princípio Vital, Resíduos Vitais.

**FLUIDOS ASSOCIADOS
(ENCARNADOS+
DESENCARNADOS)**
– ML, **1**.

**FLUIDOS PLASTICIZANTES
(MENTAIS)**
– EDM, 2ª Parte, **5**.
V. Fluido Mental (ou Pensamen-
to ou Matéria Mental), Médium
e Mediunidade.

FLUIDOS SUBLIMADOS
– LI, **3**.

FLUIDOS TELEDINÂMICOS.
– NDM, **13**.
V. Médium e Mediunidade.

**FLUIDOS VENENOSOS
(DELETÉRIOS OU PESADOS)**
– NL, **19, 27**. – NDM, **8, 9**.
V. Focos Pestilenciais de Origem
Transcendente.

FLUIDOS VITAIS
– NL, **29**. – EDM, 1ª Parte, **13**.

FLUIDOTERAPIA
– NL, **15, 36**. – MM, **22**.
V. Água Fluídica (Magnetizada),
Concentrações Fluídico-Magné-
ticas, Passe (Magnético), Socor-
ro Magnético de Profundidade
(Adição de Força), Sopro Cura-
dor, Transfusão Fluídica.

**FLUXO MENTAL OU
CORRENTE MENTAL**
V. Corrente Mental.

FOBIA
– NMM, **12**. – NDM, **6**. – EDM,
1ª Parte, **18**.
V. Escola Contra o Medo, Medo.

**FOCOS PESTILENCIAIS
DE ORIGEM
TRANSCENDENTE**
– OM, **18**.
V. Fluidos Venenosos.

**FOGO ETÉRICO
(PURIFICADOR)**
– OVE, **4, 6, 8, 10**.

FOLHAS
– NL, **2**.
V. Árvores.

**FOLHETOS
BLASTODÉRMICOS.**
– ML, **14**.
V. Embriologia.

**FOME
(DOS DESENCARNADOS)**
– NL, **2, 27**. – OVE, **7**.
V. Alimentação dos Desencarna-
dos, Sede.

**"FORA DA CARIDADE NÃO
HÁ SALVAÇÃO"**
– LI, **18**. – EDM, 1ª Parte, **15**. –
SA, **11**.
V. Caridade, Servir.

FORASTEIROS (ESPÍRITOS)
– NL, **32**.

**FORÇA ELETROMOTRIZ E
FORÇA MEDIÚNICA**
– MM, **5**.

**FORÇA FÍSICA
TRANSMITIDA PELOS
ESPÍRITOS**
– SD, 1ª Parte, **8**.

**FORÇA MAGNÉTICA,
CORRENTES DE,**
– ML, **11**.
V. Magnetismo.

FORÇA MENTAL
– NL, **37**. – ML, **1, 17**. – LI, **1,
14**. – NDM, **3**. – MM, **9**.
V. Matéria Mental, Pensamento.

**FORÇA MENTAL,
VOLTAGEM DA,**
– NDM, **5**.

**FORÇA NERVOSA DO
TODO-SÁBIO
(OU FLUIDO CÓSMICO)**
– EDM, 1ª Parte, **1**.
V. Fluido Cósmico.

FORÇA NÊURICA
– LI, **15**.

**"FORÇAS COAGULANTES"
(DO DESALENTO)**
– LI, **12**.
V. Força Mental.

FORÇAS DIVINAS
– OVE, **8**. – EDM, 1ª Parte, **1**.
V. Fluido Cósmico, Espíritos
Angélicos, Espíritos Benfeitores.

FORÇAS TENEBROSAS DO UMBRAL
– NL, **24**.
V. Obsessão e Obsessores, Vampirismo Espiritual.

FORMA FÍSICA (CARNAL)
– ML, **12**, **13**. – EDM, 1ª Parte, **12**.
V. Corpo Físico, Sinais Morfológicos dos Espíritos.

FORMA PERISPIRITUAL
– V. Perispírito.

FORMAS MENTAIS ODIOSAS
– NL, **33**.
V. Emanações Mentais Fétidas, Pensamento.

FORMAS OVOIDES
V. Corpos Ovoides.

FORMAS-PENSAMENTOS (OU IMAGENS-MOLDES)
– NL, **12**, **47**. – ML, **17**. – LI, **17**. – ETC, **4**. – NDM, **1**, **12**, **13**, **16**, **26**. – AR, **4**, **8**, **14**. – MM, **4**, **11**, **18**. – SD, 1ª Parte, **2**, **8**, **13**.
V. Análise de Formas-Pensamentos Projetadas na Aura, Fixação Mental, Formas Mentais Odiosas, "Ideias-Fragmentos", Ideoplastia, Imagem Mental.

FÓRMULAS CABALÍSTICAS
– OE, **51**.

FORTIFICAÇÕES
– OM, **20**.
V. Casario.

FÓRUM (NO ALÉM)
– SD, 2ª Parte, **10**, **13**, **14**.
V. Justiça na Espiritualidade.

FOTOGRAFIA ANIMADA POR FIXAÇÃO DE IMAGENS MENTAIS
– OVE, **1**.

FOTOGRAFIA TRANSCENDENTE
– MM, **19**.

FOTÔNIOS OU FÓTONS (DO "ESPAÇO FÍSICO" E DO "ESPAÇO MENTAL")
– NDM, **5**. – MM, **3**, **4**.

FOTOSFERA PSÍQUICA
V. Aura Humana.

FRACASSO ESPIRITUAL
– NL, **4**, **12**, **44**. – OM, **6**, **7**, **8**. – LI, **18**. – AR, **10**, **12**, **16**.
V. "Circunstâncias Reflexas", Erro, Fracassos na Tarefa Espírita, Queda dos Anjos, Suicídio.

FRANCISCO DE ASSIS
– NMM, **9**. – MM, Prefácio, **15**.

FRANKLIN, Benjamin
– MM, **2**. – OE, **45**.

FRATERNIDADE
– NL, **4**, **13**, **18**, **23**, **39**. – OM, **2**. – OVE, **12**. – AC, **7**. – LI, **19**.
V. Bondade, Caridade, Servir.

FRATERNIDADE UNIVERSAL
– NL, **1**.

FRAUDE MEDIÚNICA
– OM, **45**.
V. Mistificação.

FREIRA
– ETC, **34**
V. Atividade Religiosa, Padres.

FREUD, Sigmund
– OM, **38**. – ML, **2**. – OVE, **2** –
NMM, **11**. – LI, **4**. – ETC, **13**. –
AR, **15**.
V. Psicanálise, Psiquiatria.

FREUD E A REENCARNAÇÃO
– NMM, **11**. – AR, **15**.

FRUTAS
– NL, **18**. – OM, **17**.
V. Alimentação dos Desencarnados.

FUMANTES E FUMO
V. Tabagismo.

FUNÇÃO DOS AGENTES MENTAIS
– MM, **10**.

FUNDAÇÃO DE "NOSSO LAR"
– NL, **8**.

FUNERAIS
– CE, **36**.
V. Cemitério, Enterro, Morte, Velório.

FURACÃO
– AR, **1**.
V. Tempestade Magnética, Tormenta de Fogo.

FURTO PSÍQUICO
– LI, **4**.
V. Obsessão e Obsessores.

FUTURO DA HUMANIDADE
– SD, 2ª Parte, **9**.
V. Fim do Mundo, Mundo (Atual Momento do,), Nova Era, Profecias, Revelações do Futuro e do Passado.

G

GABINETE DE AUXÍLIO MAGNÉTICO ÀS PERCEPÇÕES
– OM, **14**.
V. Departamento de Auxílio Magnético, Técnico em Auxílio Magnético, Visão dos Espíritos.

GABINETE DE INVESTIGAÇÕES E PESQUISAS
– NL, **13**.

GABINETE DE RESTRINGIMENTO
– EVC, **16**, **26**. – CA, desenhos.
V. Reencarnação, Restringimento do Corpo Espiritual.

GABINETE TRANSFORMATÓRIO
– NL, **16**.
V. Esferas Espirituais (Preparo para a Transferência de,)

GAGUEZ
– ETC, **22**.
V. Palavra.

GALÁXIA (VIA LÁCTEA)
– OVE, **1**, **3**. – EDM, 1ª Parte, **1**.
V. Universo.

GARGANTA ECTOPLÁSMICA
– ML, **10**.
V. Equipagem Mediúnica, Médium e Mediunidade.

GELEIA CÓSMICA
– EDM, 1ª Parte, **3**.
V. Evolução das Espécies.

GAULESES E A REENCAR-NAÇÃO
– AR, **1**.

GENEALOGIA DO ESPÍRITO
– EDM, 1ª Parte, **6**.
V. Evolução das Espécies.

GENES
– ML, **13**. – EDM, 1ª Parte, **6**.
V. Embriologia.

"GÊNESE, A"
OE, **18**, **48**, **50**, **58**, **60**. – EVC, Homenagem.

GÊNESE DO ESPÍRITO
– EDM, 1ª Parte, **4**.

GÊNESE DOS ÓRGÃOS PSICOSSOMÁTICOS
– EDM, 1ª Parte, **4**.
V. Perispírito.

GENÉTICA
– NMM, **11**. – ETC, **2**. – NDM, **28**.
– AR, **7**. – EDM, 1ª Parte, **6**, **7**.
V. Cromossomos, Descendência e Seleção, Embriologia, Evolução, Fatores da Hereditariedade, Fecundação Física e Psíquica, Genealogia do Espírito, Genes, Herança Biológica, Hereditariedade, Hereditariedade e Lei de Causa e Efeito.

GÊNIOS CRUÉIS (DO MAL OU DIABÓLICOS)
– OM, **20**. – ML, **11**, **17**. – OVE, **4**, **8**. – LI, **4**. – AR, **1**, **5**, **6**, **16**.
V. Obsessão e Obsessores.

GÊNIOS INVISÍVEIS (TUTELARES OU FAMILIARES)
– ETC, **33**. – EDM, 1ª Parte, **17**.
V. Anjo da Guarda, Guia Espiritual.

GÊNIOS POLIMORFOS
– EVC, **9**.

GÊNIOS TIRÂNICOS DA FILOSOFIA, CIÊNCIA E RELIGIÃO
– OVE, **4**. – LI, **1**, **13**. – ETC, **10**.
– AR, **19**.
V. Escritores de Má-Fé.

GÊNIOS VENERÁVEIS
– EDM, 1ª Parte, **10**.

GEOGRAFIA ASTRAL
V. Topografia Astral.

GEÓGRAFOS E GEÓLOGOS (NO ALÉM)
– EVC, **9**.

GERADOR DO CÉREBRO
– MM, **9**.
V. Cérebro, Pensamento.

GERADOR ELÉTRICO
– MM, **5**.
V. Eletricidade.

GERADOR MEDIÚNICO
– MM, **5**.

GERADORES E MOTORES
– MM, **9**.

GERME PSÍQUICO
– ML, **4**.
V. Larvas Mentais.

**GERMES DE PERVERSÃO
DA SAÚDE DIVINA**
– NL, **5**.
V. Doenças e Perispírito.

**GIRENCEFALIA E
LISSENCEFALIA**
– EDM, **9**.
V. Cérebro.

**GLÂNDULAS ENDÓCRINAS
(SUPRA-RENAIS, TIMO,
TIREOIDE)**
– ML, **13**. – AR, **19**. – EDM, 1ª
Parte, **2**. – MM, **10**.
V. Endocrinologia, Epífise.

GLUTONARIA
– NL, **4**. – ML, **3**. – LI, **2**. – MM,
18. – CE, **34**. – SV, **39**.
V. Alimentação Carnívora, Vícios de Alimentação (no Além).

**GOVERNADOR
ESPIRITUAL DE
"NOSSO LAR"**
– NL, **3, 8, 32, 41, 42**.

**GOVERNADOR ESPIRITUAL
DA TERRA**
– NDM, **18**. – EDM, 1ª Parte, **20**.
V. Jesus.

**GOVERNADORIA
(DE CIDADES ESPIRITUAIS)**
– NL, **3, 8, 11, 17, 32, 42**. – SD,
1ª Parte, **12**, 2ª Parte, **10**. – CA,
desenhos.

**GOVERNANTES E
GOVERNOS TERRENOS**
– NL, **24**. – LI, **6**. – SD, 1ª Parte,
6.
V. Administrador, Assessores Políticos e Religiosos, Autoridade,
Instituto de Administradores,
Política e Políticos, Verdugos de
Nações.

GOVERNO DAS SOMBRAS
– LI, **4**.

**GOVERNO OCULTO
DO PLANETA**
– NDM, **18**.
V. Governador Espiritual da
Terra.

GOVERNO UNIVERSAL
– NMM, **2**.
V. Deus.

**GRADAÇÃO DAS
OBSESSÕES**
– MM, **16**.
V. Obsessão e Obsessores.

"GRANDE NEVOEIRO"
– EVC, **13**.
V. Umbral.

GRANDES TREVAS
– NMM, **17**. – AR, **3**.
V. Zonas Tenebrosas ou das Trevas.

GRATIDÃO
– NL, **14**. – AR, **16**. – SD, 2ª Parte, **10**. – EP, **10**.
V. Ingratidão, Homenagens.

GRAVIDEZ
– ML, **13**. – ETC, **30**. – DO, **8**.
V. Enjoos na Gravidez, Espírito Reencarnante Durante a Gravidez, Mãe, Maternidade, Obsessão de Nascituros, Sexo e Maternidade, Sexo e Matrimônio, "Sinais de Nascença".

GRAVIDEZ FRUSTRADA QUANDO NÃO HÁ ESPÍRITO REENCARNANTE
– EDM, 2ª Parte, **13**.

GRAVITAÇÃO NO CAMPO MENTAL
– NDM, **13**.

GRAVITAÇÃO PARA O ESPÍRITO, PRINCÍPIOS DE,
– NL, **44**.

GREGOS E A REENCARNAÇÃO
– AR, **1**.

GRUPO DE ESTUDOS ESPIRITUALISTAS
– ML, **16**.

GUARDAS ESPIRITUAIS
– ML, **1**, **11**. – OVE, **10**. – NDM, **16**, **6**. – AR, **5**. – SD, 2ª P, **10**.

GUARDIÕES DAS TREVAS
– OVE, **8**.
V. Sentinelas, Trevas Espirituais ou Infernais.

GUERRA NO ALÉM
– AR, **3**, **20**.
V. Armas (no Plano Espiritual).

GUERRA, REFLEXOS NO ALÉM DA II GRANDE,
– NL, **24**, **41**, **42**, **43**. – OM, **17**, **18**. – CE, **31**.

GUERRAS, INFLUÊNCIA NEFASTA DOS DESENCARNADOS NA CROSTA DURANTE AS,
– OM, **18**.

"GUIA" DO MÉDIUM
– MM, **17**.

GUIA ESPIRITUAL
– ETC, **336**. – NDM, **12**. – CE, **25**. – EVC, **22**.
V. Anjo da Guarda, Espíritos Benfeitores.

GULA
– AR, **19**. – EDM, 2ª Parte, **19**.

H

HÁBITOS INFELIZES
– ML, **5**. – SV, **28**, **33**.

HÁLITO DIVINO (OU FLUIDO UNIVERSAL)
– MM, **4**.
V. Fluido Cósmico.

"HÁLITO" MENTAL
– NDM, **1**.
V. Mental e Mente.

"HALO ENERGÉTICO"
V. Aura.

**HALO PSÍQUICO
(OU PSICOSFERA)**
V. Aura.

"HALO VIBRATÓRIO"
V. Aura.

HALO VITAL
V. Aura.

HARMONIA INTERIOR
V. Paz Interior.

HARMONIA UNIVERSAL
– OM, **1**.

**HAUSTO DO CRIADOR (OU
HAUSTO CORPUSCULAR DE
DEUS OU FLUIDO CÓSMICO)**
– EDM, 1ª Parte **1**, **2**.
V. Fluido Cósmico.

**HEBREUS E A
REENCARNAÇÃO**
– AR, **1**.

HERANÇA
– NL, **22**, **30**. – EDM, 1ª Parte, **4**.
V. Dinheiro, Propriedade, Riqueza.

HERANÇA BIOLÓGICA
– ETC, **12**. – EDM, 1ª Parte, **4**, **6**, **7**.
V. Automatismo e Herança, Fatores da Hereditariedade, Genética, "Sinais de Nascença".

**HEREDITARIEDADE
(E REENCARNAÇÃO
EVOLUÇÃO)**
– NL, **47**. – ML, **12**, **13**, **14**. – NMM, **4**. – ETC, **12**, **29**. – EDM, 1ª Parte, **4**, **7**.
V. Genética.

**HEREDITARIEDADE E LEI
DE CAUSA E EFEITO**
– ML, **13**. – ETC, **12**. – EDM, 1ª Parte, **7**.

**HERMAFRODITISMO
(E UNISSEXUALIDADE)**
– EDM, 1ª Parte, **18**.
V. Sexo e Sexologia.

HERTZ, Henrique
– AR, **4**. – MM, **2**.

HIBERNAÇÃO ESPIRITUAL
– AR, **13**.
V. Idiotia, Múmias Espirituais.

HIDROCEFALIA
– NDM, **15**.
V. Crianças Retardadas, Defeito Físico.

HIDROTERAPIA
V. Água Fluídica, Águas Medicinais, Banhos Terapêuticos.

HIERARQUIA, RESPEITO À,
– OM, **26**.

HIGIENE FÍSICA
– EDM, 2ª Parte, **19**, **20**. – CE, **34**.

HIGIENE MENTAL
– OVE, **5**. – LI, **2**, **13**. – AR, **19**. – CE, **35**.

V. Pensamento, Psicoterapia, Psiquiatria.

HINDUS E O DESTINO DOS DESENCARNADOS
– AR, **1**.

HINOS
– NL, **42**. – OM, **18**. – OVE, **1**, **20**. – LI, **18**, **20**. – ETC, **9**. – NDM, **28**. – MM, **25**. – SD, 2ª P, **14**.
V. Campo da Música.

HIPNOSE
– LI, **5**, **10**, **12**, **15**. – ETC, **5**. – NDM, **4**, **10**, **17**. – AR, **2**, **3**, **4**, **10**, **13**, **16**. – EDM, 1ª Parte, **12**, **17**. – MM, **11**, **13**, **14**, **16**, **21**, **23**. – SD, 1ª Parte, **6**, **8**. – DO, **33**.

HIPNOSE ARTIFICIAL
– MM, **21**.

HIPNOSE DE PALCO
– MM, **16**.

HIPNOSE E OBSESSÃO
– NMM, **16**. – LI, **10**. – AR, **8**, **16**.

HIPNOSE NATURAL
– MM, **16**, **21**.

HIPNOTERAPIA
– MM, **14**.

HIPNÓTICOS
– NMM, **8**.

HIPNOTISMO VULGAR
– NDM, **17**. – MM, **13**.

HIPOCONDRIA
– OM, **43**.
V. Espíritos Hipocondríacos.

HIPOCRISIA
– NL, **31**. – LI, **18**.

HISTERIA
– NDM, **10**, **24**. – EDM, 1ª Parte, **14**, **18**.
V. Epilepsia, Obsessão e Obsessores. Psiquiatria.

"HISTOGÊNESE ESPIRITUAL"
– EDM, 1ª Parte, **11**, **12**.
V. Morte.

HISTÓRIA COMPLETA DAS AÇÕES PRATICADAS NO MUNDO
– NL, **4**.
V. Perispírito.

HOLOFOTES
– OVE, **4**.
V. Aparelhos.

HOMEM ESPIRITUALIZADO
– NL, **43**.

HOMEM ETERNO
– ML, Prefácio, **8**. – NMM, **3**.

HOMEM FÍSICO
– OVE, **5**. – NMM, **4**. – LI, **6**, **13**. – NDM, **2**. – MM, **1**. – EVC, **15**. – EP, **2**.

HOMEM INFRAPRIMITIVO
– EDM, 1ª Parte, **12**.

HOMEM NOVO,
INSTITUIÇÃO DO,
– OM, **2**.

HOMEM, POTENCIAL
CRIADOR DO,
– NL, **8**.

HOMENAGENS
– NL, **32**. – SD, 2ª Parte, **14** .

HOMOSSEXUAIS
– AR, **15**. – SD, 2ª Parte, **9**.
V. Sexo e Sexologia.

HONRAR PAI E MÃE
– ETC, **6**.

HORAS EXTRAS E DE
SERVIÇO ÚTIL
– NL, **22, 32**.

HORMÔNIOS
– AR, **19**. – EDM, 1ª Parte, **8, 18**.

"HORMÔNIOS PSÍQUICOS"
(OU "UNIDADES-FORÇA")
– ML, **2**.

HÓSPEDES
– SV, **44**.

HOSPEDEIROS
(E PARASITISMO)
– EDM, 1ª Parte, **15**.
V. Parasitas Ovoides, Vampirismo Espiritual.

HOSPITAIS CARCERÁRIOS
(EM ZONA PURGATORIAL)
– MM, **24**.

HOSPITAIS NA CIDADE
"NOSSO LAR"
– NL, **3, 5, 27**. – SD, 2ª Parte, **9**.

HOSPITAIS NAS REGIÕES
PURGATORIAIS
– NDM, **14**. – AR, **20**.

HOSPITAIS, PROTEÇÃO
ESPIRITUAL DOS,
– OVE, **11, 18**.

HOSPITAL-ESCOLA
– AR, **20**. – SD, 2ª Parte, **9**.

HOSPITAL PSIQUIÁTRICO
(NA TERRA E NO ALÉM)
– OVE, **2**. – NMM, **16**.– SD, 2ª
Parte, **9, 10, 14**. – EVC, **9, 23**.

HÓSTIA
– LI, **9**.
V. Igreja Católica Romana.

HUMANIDADE ENCARNADA
(OU TERRESTRE)
– NL, **24**. – OM, **5, 15, 18**. –
NDM, **1, 29**. – SD, 2ª Parte, **9**.
V. Futuro da Humanidade, Nova
Era.

HUMANIDADE INVISÍVEL
(DO PLANETA)
– NL, **24**.
V. Plano Espiritual.

HUMANIDADE –
NOSSA FAMÍLIA
– OVE, **1, 11**. – NMM, **13**.

HUMANIDADE UNIVERSAL
– OM, **18**. – ETC, **1**. – NDM, **1**.

HUMILDADE
– NL, **13, 14**. – ETC, **35**. – AR, **6,
17, 19**. – SA, **8**. – EVC, **23**.

HUYGHENS, Christiaan
– OVE, **1**. – MM, **2**.

I

ÍBIS VIAJORES (AVES)
– NL, **33**.
V. Animais na Esfera Espiritual.

IDEAL ESPÍRITA
– SA, **13, 14**. – NDM, **13**.

IDEIA FIXA
V. Fixação Mental, Pensamento
"Fixo-Depressivo".

IDEIA-TIPO
– MM, **13**.

IDEIAS-FORMAS
V. Formas-Pensamentos.

**"IDEIAS-FRAGMENTOS"
(OU "IDEIAS-RELÂMPAGOS")**
– EDM, 1ª Parte, **10**.

**IDENTIFICAÇÃO DE
ESPÍRITO COMUNICANTE**
– ML, **16**.
V. Sessão Espírita.

**IDENTIFICAÇÃO DOS
ESPÍRITOS (NO ALÉM)**
V. Arquivo de Memórias e Registros Individuais, Caderneta de Identificação, Ficha de Identificação dos Espíritos, Ficha de

Serviço Individual, Serviço de Recordações.

IDEOPLASTIA
– MM, **19**.
V. Poder Plástico da Mente.

IDIOMAS NO ALÉM
V. Barreiras Idiomáticas, Linguagem dos Desencarnados.

IDIOTIA
– NMM, **7**. – NDM, **15**. – AR, **13,
19**.
V. Crianças Retardadas, Débil Mental.

IDOLATRIA E ÍDOLOS
– ML, **20**. – OVE, **19**. – LI, **9**. –
SD, 2ª Parte, **10**.
V. Culto Externo.

IGNORÂNCIA
– OM, **5, 6, 39**. – ML, **11**. – LI,
17. – NDM, **18**.

IGREJA CATÓLICA ROMANA
– OM, **5**. – OVE, **7, 12, 19**. –
NMM, **2, 15**. – ETC, **11**. – EVC,
9.
V. Atividade Religiosa, Católicos Romanos, Confissão, Culto Externo, Dogma Religioso, Educação Religiosa Deficiente ou Ausente, Escolas Religiosas, Hóstia, Missa, Organização Espiritual dos Servidores Católicos, Padres, Religião, Sacerdócio Desviado, Sacerdotes, Templo Católico.

IGREJA CATÓLICA E MEDIUNISMO
– OM, **5**.

IGREJAS PROTESTANTES
– OM, **5**. – OVE, **12**. – NMM, **15**.
V. Atividade Religiosa, Centros Espíritas, Protestantes, Templo Católico, Templos (na Terra e no Além).

IGREJAS PROTESTANTES E O MEDIUNISMO
– OM, **5**.

ILUMINAÇÃO INTERIOR
– NL, **39**. – NMM, **2**, **3**.
V. Sublimação.

ILUSÃO
– NL, **8**, **16**, **27**. – NMM, Prefácio, **2**.

IMAGEM MENTAL (PROJEÇÃO DE)
– LI, **17**. – NDM, **12**. – AR, **8**.
V. Formas-Pensamentos (ou Imagens-Moldes), Transmissão do Pensamento.

IMAGINAÇÃO CRIADORA
– NDM, **11**, **13**. – SA, **65**.

IMANTAÇÃO MENTAL
– OVE, **2**. – LI, **8**, **10**, **12**.
V. Obsessão e Obsessores.

IMOBILIZAÇÃO NO PRETÉRITO, FENÔMENO DE,
– ETC, **14**.
V. Emersão do Passado, Memória, Recordações de Vidas Pretéritas.

IMORTALIDADE
– OM, **48**. – OVE, **11**, **15**. – NMM, **2**. – ETC, **29**. – EDM, 1ª Parte, **11**.
V. Permanência na Espiritualidade, Sobrevivência da Alma, Vida na Espiritualidade.

IMPARCIALIDADE NO PLANO ESPIRITUAL
– OM, **39**. – ML, **19**.

IMPÉRIOS ESTELARES
– EDM, 1ª Parte, **1**.
V. Universo.

IMPRENSA ESPÍRITA
– CE, **15**, **18**.

IMPRUDÊNCIA
– NL, **29**. – OM, **39**, **41**.

IMUNOLOGIA
– EDM, 1ª Parte, **8**, 2ª Parte, **19**, **20.**

IMUNOLOGIA PERFEITA E OS PRINCÍPIOS DE JESUS
– EDM, 2ª Parte, **20**.

INANIÇÃO PSÍQUICA
– NL, **28**.

INATIVOS (EM "NOSSO LAR")
– NL, **22**.
V. Campos (ou Zonas) de Repouso, Inércia.

INCORPORAÇÃO (OU PSICOFONIA)
– ML, **16**.
V. Psicofonia Consciente, Psicofonia Sonambúlica.

INCORPORAÇÃO NO PLANO ESPIRITUAL
V. Psicofonia no Plano Espiritual.

INDIGNAÇÃO
– ETC, **22**.
V. Revolta.

INDOLÊNCIA
– ETC, **12**.
V. Preguiça.

INDUÇÃO MENTAL
– MM, **4**.
V. Agentes de Indução, Agentes Mentais.

INDÚSTRIAS
– EVC, **7**.
V. Fábricas, Oficinas.

INDUTÂNCIA
– MM, **6**.
V. Circuito Elétrico, Magnético e Mediúnico.

INÉRCIA
– ETC, **11**. – NDM, **14**.
V. Inativos (em "Nosso Lar"), Preguiça.

INFÂNCIA ESPIRITUAL
– NMM, **16**. – LI, **1**.

INFANTICÍDIO INDIRETO
– ETC, **10**.

"INFECÇÕES FLUÍDICAS"
– EDM, 1ª Parte, **15**. – MM, **15**.
V. Invasão Microbiana, Vampirismo Espiritual, "Vírus Fluídico".

INFERNO
– ETC, **21**. – AR, **1, 7, 11**. – EDM, 1ª Parte, **19**. – EVC, **11**.
V. Cavernas, Céu e Inferno Íntimos, Despenhadeiros Infernais, Esferas Escuras ou Sucrostais, Precipícios Abismais, Precipícios Subcrostais, Zonas Infernais.

INFERTILIDADE
– ML, **14**.

INFLUÊNCIA MENTAL DOS ENCARNADOS ENTRE SI
– NDM, **24**.
V. Telepatia.

INFLUENCIAÇÃO RECÍPROCA ENTRE FAMILIARES ENCARNADOS E RECÉM-DESENCARNADOS
– NL, **30**. – OM, **26**.

INFLUENCIAÇÕES ESPIRITUAIS SUTIS
– EV, **35**.
V. Obsessão e Obsessores.

INGENUIDADE
– SA, **43**.

INGRATIDÃO
– AR, **4, 5**. – MM, **24**.
V. Gratidão.

INGRESSO, PAGAMENTO DE,
 – NL, **45**.

INIMIGO
 – LI, **19**. – ETC, **31**. – SV, **13**, **39**.
 V. Adversário, Odiar e Ódio.

INJEÇÃO MEDICAMENTOSA
 – EVC, **5**.
 V. Tratamento Médico no Além.

INQUIETAÇÃO
 – NL, **19**. – OM, **50**. – RV, **35**.
 V. Angústia.

INQUISIÇÃO
 – ML, **17**. – NMM, **2**.

INSATISFAÇÃO
 – OE, **55**.

INSPIRAÇÃO
 – NL, **16**, **45**. – OVE, **15**. – NMM, **7**. – LI, **15**. – MM, **21**.
 V. Intuição, Invenções e Inspiração, Médium e Mediunidade, Sono e Inspiração.

INSTINTO
 – NMM, **4**, **2**. – ETC, **21**. – EDM, 1ª Parte, **3**, **4**, **11**, **13**, **18**.

INSTINTO SEXUAL
 – NMM, **11**. – EDM, 2ª Parte, **18**.
 V. Sexo e Sexologia.

INSTITUTO "ALMAS IRMÃS" (DE REEDUCAÇÃO SEXUAL)
 – SD, 2ª Parte, **9**, **10**, **13**, **14**.

INSTITUTO DE ADMINISTRADORES
 – OM, **13**.
 V. Administrador de Serviços Públicos.

INSTITUTO DE CIÊNCIAS DO ESPÍRITO
 – EVC, **8**, **13**.

INSTITUTO DE PLANEJAMENTO DE REENCARNAÇÕES
 – ML, **12**. – AR, **19**.

INSTITUTO DE PROTEÇÃO ESPIRITUAL
 – EVC, **10**, **14**, **16**, **24**, **26**.
 V. Assistência Espiritual.

INSTITUTO DE PSIQUIATRIA PROTETORA (INSTITUTO DE PROTEÇÃO ESPIRITUAL)
 – EVC, **9**, **10**.
 V. Psiquiatria.

INSTITUTO DE SERVIÇO PARA A REENCARNAÇÃO
 – EVC, **26**.
 V. Reencarnação.

INSTITUTO ESPECIALIZADO EM SOPRO CURADOR
 – OM, **19**.
 V. Sopro Curador, Tratamento Médico no Além.

INSTITUTOS MAGNÉTICOS (DE "CAMPO DA PAZ")
 – OM, **21**.
 V. Tratamento Médico no Além.

INSTRUÇÃO
– NL, **25, 26**. – CE, **42**.
V. Educação.

INSTRUMENTOS MUSICAIS
– NL, **17, 40, 44, 48**. – OM, **31**.
V. Música.

INSULINOTERAPIA
– NMM, **7**. – NDM, **24**.
V. Choque Elétrico Insulínico,
Hormônios, Psiquiatria.

INTELIGÊNCIA
ETC, **21**. – EDM, 1ª Parte, **1, 4,
13, 14**.
V. Cultura Intelectual, Mental e
Mente, Ministros Angélicos da
Sabedoria Divina, Princípio In-
teligente, Sabedoria.

INTELIGÊNCIA ARTESANAL
– EDM, 1ª Parte, **13**.
V. Espíritos de Ordem Primária,
Perispírito do Selvagem, Selva-
gem Desencarnado.

**INTELIGÊNCIA DOS
ANIMAIS**
– EDM, 1ª Parte, **5**, 2ª Parte, **18**.
V. Animais.

**INTELIGÊNCIA ETERNA
(OU DIVINA)**
– EDM, 1ª Parte, **3**.
V. Deus, Sabedoria Divina (ou
Eterna).

**INTELIGÊNCIA
SUB-HUMANA**
– LI, **4**.
V. Pigmeus, Selvagem Desencar-

nado, Servidores do Reino Vege-
tal (Espíritos).

**INTELIGÊNCIAS
DESVIRTUADAS**
– ETC, **10**. – AR, **19**.
V. Gênios Tirânicos da Filosofia,
Ciência e Religião.

**INTELIGÊNCIAS DIVINAS
OU ANGÉLICAS OU
SUBLIMES**
– EDM, 1ª Parte, **1, 6, 9, 10, 20**.
V. Espíritos Angélicos.

**INTERCÂMBIO ENTRE
ENCARNADOS E
DESENCARNADOS**
– OM, **46**. – LI, **6**.
V. Médium e Mediunidade.

INTERCESSÃO ESPIRITUAL
– NL, **14**. – ML, **11**. – OVE, **9**. –
NMM, **10**. – AR, **18**.
V. Instituto de Proteção Espiri-
tual, Ministério do Auxílio, Pre-
ce, Serviço de Socorro, Socorro
Espiritual, Templo de Socorro.

INTERSEXO
– SD, 2ª Parte, **9**.
V. Homossexuais, Sexo e Sexo-
logia.

**INTERRUPÇÃO BRUSCA DO
CIRCUITO MEDIÚNICO**
– MM, **6**.

INTUIÇÃO
– NL, **37**. – OM, **35, 36**. – ML,
5. – OVE, **16, 18**. – NMM, **9**. –
LI, **10, 13, 17**. – ETC, **31, 35**,

38. – NDM, **5.** – AR, **10, 16, 17.**
– EDM, 1ª Parte, **10, 17.** – SD, 1ª
Parte, **14,** 2ª Parte, **1, 3, 4, 11.**–
EVC, **26.**
V. Inspiração, Médium e Mediu-
nidade.

**INTUIÇÃO NO PLANO
ESPIRITUAL**
– NL, **40.**

**INTUIÇÃO PROVIDENCIAL
(AÇÃO DA PRECE)**
– SD, 1ª Parte, **8, 9.**

INVENÇÕES E INSPIRAÇÃO
– NL, **8.** – MM, **2.**

INVERSÃO DE SEXO
– AR, **15.** – EDM, 2ª Parte, **4.** –
SD, 2ª Parte, **7, 9.**
V. Homossexuais, Sexo e Sexo-
logia.

INVOCAÇÃO DE ESPÍRITO
V. Evocação de Espírito.

**INVOCAÇÃO DE ESPÍRITO
DESENCARNADO POR
ENCARNADO**
– ETC, **19.**

**INVOCAÇÃO DE ESPÍRITO
ENCARNADO POR
DESENCARNADO**
– ETC, **14, 15.**

IONIZAÇÃO
– ML, **10.** – NDM, **28.**
V. Materialização.

**IONOSFERA (VISTA POR
RECÉM-DESENCARNADO)**
– OVE, **12.**

IRRADIAÇÕES
V. Radiações.

IRRITAÇÃO
– OVE, **14.** – AC, **38.** – MM, **25.**
– SV, **25.**
V. Cólera.

J

JANELA
– NL, **4, 7.** – EVC, **5.**

JARDINS
– NL, **7, 8, 9, 23, 45.** – OM, **3,
13, 16.** – EVC, **5, 6, 12.**
V. Árvores.

JAUREG, Wagner
– NMM, **3.**

JERUSALÉM
– NMM, **15.** – LI, **1.**

JESUS
– NL, Prefácio, **3, 17, 25, 26, 30,
32, 35, 39, 42, 45, 48.** – OM, **1,
3, 6, 11, 13, 27, 46, 51.** – ML,
Prefácio, **8, 10, 12, 18.** – OVE, **1,
3, 8, 9, 11, 15, 17, 19.** – NMM, **2,
5, 8, 9, 11, 13, 15, 18.** – AC, **30,
39, 40.** – LI, **3, 11, 13, 14.** – ETC,
6, 19, 33. – NDM, **13, 18,.** – AR,
Prefácio, **7, 15, 17.** – EDM, 1ª
Parte, **3, 6, 20.** – MM, Prefácio,
26. – CE, Prefácio, **16, 47.** – OE,
11, 21, 37, 45, 49, 53, 55, 57. –
SA, **70.** – EV, **1, 3, 18, 20, 23, 27,
33, 34, 37, 39.** – EVC, **12.** – SV,
12, 24, 30, 37, 50. – RV, **30.** – EP,

2, 31. – AV, 1, 11, 12, 19. – AVR, 14, 18.

V. Amor de Jesus, Cordeiro de Deus, Desobsessão e Jesus, Governador Espiritual da Terra, Imunologia Perfeita e os Princípios de Jesus, Mediunidade e Jesus, Natal de Jesus, Passe e Jesus (e Apóstolos), Religião e Jesus, Supremo Orientador da Terra, Visão de Jesus.

JESUS, A CRUCIFICAÇÃO DE,
– OM, 27.

JESUS, DOUTRINADOR DIVINO
– OM, 11.

JESUS E A REDENÇÃO DA HUMANIDADE
– NDM, 29.

JESUS E DIRETRIZES INDIVIDUAIS AOS DISCÍPULOS
– OVE, 3. – NDM, 18.

JESUS E MEDIUNIDADE
– NMM, 9. – NDM, 18.

JESUS E O ESPIRITISMO
– NDM, 18.

JESUS E SEXO
– AR, 15.

JESUS E SUA VINDA À CROSTA TERRENA
– NDM, 26.

JESUS, MÉDICO DIVINO
– OM, 13, 51. – ML, 18. – NMM, 8.

JESUS NAS ESFERAS RESPLANDECENTES
– NL, 32.

JESUS, O SOPRO DIVINO DE,
– OM, 19.

JOÃO EVANGELISTA
– V. Apóstolo João.

JOGOS DE AZAR E APOSTAS
– CE, 18, 30.

JOIAS ENFEITIÇADAS
– NDM, 26.
V. Magia Negra, Psicometria.

JORNADA DE TRABALHO
– NL, 20, 21, 22, 28.
V. Semana de 48 Horas de Trabalho, Trabalho.

JORNALISMO DEGRADANTE
– NDM, 15. – MM, 18.
V. Escritores de Má-Fé.

JOSÉ DE COPERTINO
– MM, Prefácio.

JOVENS (JUVENTUDE)
– NL, 32. – AR, 7. – CE, 2.
V. Mocidade.

JULGAMENTO (NO ALÉM)
– LI, 5. – EDM, 2ª Parte, 6. – EVC, 12.

JULGAR
– AC, **36, 45**. – EP, **6**.

JÚPITER (PLANETA)
– OM, **33**. – OVE, **3**.

JUSTIÇA
– AC, **34, 49**. – ETC, **31**. – AR, Prefácio. – SA, **40**.

JUSTIÇA CÓSMICA (DIVINA)
– EDM, 1ª Parte, **20**.

JUSTIÇA DIVINA
– NL, **4, 13**. – OM, **4, 27**. – ML, **11, 12, 13, 18, 19**. – OVE, **7, 9**. – NMM, **12, 15**. – LI, **3, 4**. – ETC, Prefácio – NDM **27**. – AR, **1, 3, 7, 9, 13, 15, 17, 18, 19**. – EDM, 2ª Parte, **6**. – SD, 2ª Parte, **10**. – EVC, **11, 13, 14, 15, 20**. – SV, **34**. V. Ação e Reação, Ação Retificadora, Acaso, Adversidade, Aleijão de Nascença, Assistência Espiritual, Autoridade, Auxílio Divino, Bondade Divina, Carma e Cármico, Crédito Espiritual, Culpa, Débito Congelado e Estacionário, Destino, Determinismo, Dez Mandamentos, Dívida Expirante, Expiação, Fatalidade, Juízes, Julgamento, Justiça na Espiritualidade, Lei Divina, Lei de Causa e Efeito, Merecimento, Provações, Provas Coletivas, Provas Purgatoriais, Provas Retificadoras, Resgate, Sofrimento.

JUSTIÇA EM ESFERA UMBRALINA
– LI, **5**.

JUSTIÇA NA ESPIRITUALIDADE
– AR, **6**. – EDM, 2ª Parte, **6**. – SD, 2ª Parte, **10, 13, 14**. V. Guardas Espirituais, Prece e Requerimentos de Socorro, Processo Civil (no Além), Penitenciárias do Espírito, Sexo e Penalogia, Tribunais na Espiritualidade.

JUSTIÇA TERRENA
– LI, **13**. – NDM, **30**. – AR, Prefácio, **3**. – CE, **31**.

K

KA
– EDM, Prefácio.
V. Perispírito.

KARDEC
V. Allan Kardec.

KARMA
V. Carma e Cármico.

KRISHNA
– NMM, **2**.

L

LÁGRIMAS
– NL, **2, 5, 7, 15, 29**. – OVE, **7**. – AC, **10, 36, 38**. – NMM, **5**. – AR, **10**.

LAMA
– NL, **2**. – AR, **1**.
V. Pântanos, Charco.

LAMENTAÇÃO
– NL, **6, 15, 32**. – ML, **11**. – AC,
5, 36, 44.
V. Revolta.

LÂMPADA ELÉTRICA
– OM, **22**.

LANÇA-CHOQUES
– OVE, **6**
V. Armas (no Plano Espiritual).

LAR
– NL, **20, 21, 22, 30, 38, 39, 45,
46, 47, 48, 49**. – OM, **34, 37**. –
ML, **6, 8, 11 , 13**. – OVE, **9, 13,
14**. – NMM, **8**. – LI, **10, 15, 17,
19**. – ETC, **6, 11, 23, 24, 27,
38, 39**. – NDM, **14, 20, 23, 30**.
– AR, **15, 16**. – EDM, 2ª Parte,
8. – MM, **16**. – CE, **5**. – SD, 2ª
Parte, **9**. – EVC, **7, 12**. – SV, **4,
6, 8**.
V. Família.

"LAR DA BÊNÇÃO"
– ETC, **9, 12, 20, 26, 33, 37**.

"LAR DE CIPRIANA"
– NMM, **20**.

**LAR TERRENO A SERVIÇO
DE "NOSSO LAR"**
– OM, **34, 39**.

LARVAS MENTAIS
V. Bacilos Psíquicos.

LAZER
– NL, **18, 22, 45**. – OM, **2**. –
NMM, **3**. – SA, **3**. – EVC, **12**.

V. Descanso dos Espíritos, En-
tretenimento (no Além).

**LEGIÕES INFERNAIS (OU
DOS GÊNIOS DIABÓLICOS
OU DAS TREVAS)**
– NL, **41**. – ML, **11**. – OVE, **4**. –
AR, **20**.
V. Obsessão e Obsessores.

**LEI DA MATÉRIA
QUINTESSENCIADA
(DO PLANO ESPIRITUAL)**
– OVE, **10**. – EDM, 1ª Parte, **13**.
V. Matéria Quintessenciada (Do
Plano Espiritual).

LEI DE CAUSA E EFEITO
– NL, **5, 13, 21, 22, 25, 27, 37**.
– OM, **14**. – ETC, **1, 7, 8, 9, 10,
21, 33**. – NDM, **9, 26**. – AR, **1, 2,
5, 7, 9, 11, 12, 14, 18**. – EDM, 1ª
Parte, **12, 16**. – SA, **49**. – EVC,
2, 11, 13, 15, 20, 22. – RV, **18**.
– EP, **12**.
V. Acaso, Atração por Almas ou
questões (e o Passado), Carma e
Cármico, Débito Congelado ou
Estacionário, Destino, Deter-
minismo, Dívida Expirante, Es-
colha das Provas, Expiação, Fa-
talidade, Hereditariedade e Lei
de Causa e Efeito, Julgamento,
Provas Coletivas, Reajuste, Res-
gate, Resgates Coletivos, Semea-
dura e Colheita.

LEI DE RETORNO
– LI, **1**.
V. Reencarnação.

LEI DIVINA (ETERNA)
– OM, **15**, **18**, **33**. – ML, Prefácio, **13**. – OVE, **8**, **9**, **10**, **11**, **16**. – NMM, **2**, **3**, **5**. – AC, **40**. – LI, **18**. – ETC, Prefácio, **1**, **7**, **8**, **9**, **10**, **12**, **20**, **27**, **28**, **31**, **33**. – NDM, **13**, **15**, **25**. – AR, **2**, **18**. – EDM, 1ª Parte, **12**, 2ª Parte, **17**. – SD, 2ª Parte, **10**, **13**. – EV, **15**. – EVC, **8**, **13**, **22**.
V. Ação e Reação, Acaso, Carma e Cármico, Decálogo Divino, Destino, Determinismo, Governo Universal, Justiça Divina, Lei de Causa e Efeito.

LEI DO CAMPO MENTAL
– MM, **17**.
V. Campo Mental.

LEI DO DESCANSO (EM "NOSSO LAR")
– NL, **11**.
V. Descanso dos Espíritos.

LEI DO DOMÍNIO EMOTIVO
– ML, **14**.

LEI DO RITMO
– NL, **21**.
V. Reencarnação.

LEI DO TRABALHO (EM "NOSSO LAR")
– NL, **11**.
V. Trabalho.

LEIS DO TRÂNSITO (NA TERRA)
– SV, **10**.

LEIS MAGNÉTICAS NAS ESFERAS INFERIORES
– LI, **5**.
V. Hipnose.

LEIS VIBRATÓRIAS (QUE NOS CIRCUNDAM)
– OVE, **2**.
V. Onda Mental, Vibrações.

LEITE MATERNO, PENSAMENTOS QUE ENVENENAM O,
– ETC, **10**.

LEITURA MENTAL
– OVE, **7**.
V. Mental e Mente.

LEMBRANÇAS DOS COMPROMISSOS ASSUMIDOS NO ALÉM
– OM, **6**. – LI, **13**.
V. Escolha das Provas.

LENDA EGÍPCIA DO PEIXINHO VERMELHO
– LI, Prefácio.

LENDA HINDU DA SERPENTE E DO SANTO
– OM, **20**.

LENTE (NO ALÉM)
– NDM, **3**.

LEPRA (HANSENÍASE)
– ETC, **10**. – AR, **19**. – EDM, 2ª Parte, **20**.

LEPTÓTRIX
– EDM, 1ª Parte, **6**.

LETARGIA
– MM, **13, 23**.

LIBERDADE PARA A VIDA ETERNA
– AR, **14**.

LIBIDO
– AR, **15**. – SD, 1ª Parte, **4**. – EVC, **15**.
V. Freud, Psicanálise, Sexo e Sexologia.

LICANTROPIA
– LI, **5**. – NDM, **23**.
V. Zoantropia.

LIGAÇÕES CLANDESTINAS AMOROSAS
– NL, **16, 40**.
V. Adultério.

LIGAÇÕES MAGNÉTICAS DO CORPO COM A ALMA
– ML, **6**.

LINGUAGEM ANIMAL
– EDM, 1ª Parte, **10**.

LINGUAGEM CONVENCIONAL
– EDM, 1ª Parte, **10**.
V. Palavra.

LINGUAGEM DOS DESENCARNADOS
– NL, **24, 37** . – OM, **18**. – EDM, 2ª Parte, **2**. – EVC, **8**.

LINHAS MORFOLÓGICAS DOS DESENCARNADOS
– ML, **13**. – OVE, **3**. – ETC, **21, 30**. – EDM, 2ª Parte, **4**. – EVC, **11**.

V. Apresentação dos Desencarnados (aos Médiuns), Roupão Ectoplásmico, Vestuário dos Espíritos.

LITEIRA
– LI, **4**.
V. Transporte, Veículos (Carros e Máquinas Voadoras).

LITERATURA ESPÍRITA
– AC, **40**. – CE, **41**. – SA, **57**.

LITERATURA FEITICISTA
– AR, **4**.

LITERATURA FESCENINA (OBSCENA)
– LI, **17**.
V. Escritores de Má-Fé.

LITERATURA NO ALÉM
– NL, **17**.
V. Livros no Além.

LIVRE-ARBÍTRIO
– NL, **46**. – ML, **13**. – OVE, **5**.
– LI, **16**. – ETC, **2**. – NDM, **16**.
– AR, **7**. – SA, **30**. – EVC, **11, 13**.
V. Determinismo.

LIVRO CRISTÃO
– AVR, **14**.

"LIVRO DOS ESPÍRITOS, O"
– CE, **45**. – DO, **10, 27, 28**. – SA, **57**. – EV, **19**.

"LIVRO DOS MÉDIUNS, O"
– OE, **45**. – DO, **27, 66, 73**.

LIVRO ESPÍRITA
– CE, **41**. – OE, **37**. – SA, **1, 56, 57**. – AV, **18**.

LIVRO, PERANTE O,
– CE, **41.**
V. Abertura de Livro Aparentemente ao Acaso.

LIVROS NO ALÉM
– NL, **17, 38.** – OM, **42.** – EVC, **5, 12.**

LOBOS FRONTAIS
– NMM, **3, 4, 7, 9, 10, 12, 19.**
V. Cérebro.

LOCOMOÇÃO DOS ESPÍRITOS
– NL, **49.** – OM, **33, 40.** – EVC, **18.**
V. Veículos, Volitação.

LOCOMOÇÃO NAS MIGRAÇÕES INTERPLANETÁRIAS
V. Mundos (Planetas) Habitados.

LOMBROSO, César
– OVE, **2.** – LI, **4.**

LOPES, ANTÔNIO TEIXEIRA
– AR, **11.**

LOUCOS E LOUCURA (ENCARNADOS E DESENCARNADOS)
– NL, **5, 28.** – OM, **21, 27.** – ML, **19.** – OVE, **2.** – NMM, **2, 3, 7, 8, 10, 11, 16, 17.** – LI, **7, 8, 11.** – NDM, **10, 15.** – AR, **1, 3, 4, 12, 19.** – EDM, 1ª Parte, **15,** 2ª Parte, **17, 19.** – SD, 2ª Parte, **13, 14.**
V. Doenças Físicas, Mentais, Psíquicas e da Alma, Espíritos Dementados, Obsessão e Loucura,

Psiquiatria, Psiquiatria e Obsessão, Sexo e Loucura.

LOUCOS RECÉM-DESENCARNADOS
– OVE, **15, 16.** – AR, **4.** – EDM, 1ª Parte, **16.**

LOUCURA, CAUSAS DA,
– NMM, **7, 11.**

LOUCURA E ÉPOCA ATUAL
– NMM, **2.**
V. Mundo (Atual Momento do,).

LUAR
– NL, **23, 33.** – ML, **20.**
V. Magnetismo Lunar.

LUCAS, APÓSTOLO
V. Apóstolo Lucas.

LUSTRES
– OM, **31.**

LUTA EVOLUTIVA
– AC, **13.** – LI, **19.** – ETC, **12, 14, 40.** – AR, **16.** – EDM, 1ª Parte, **10.**
V. Evolução Espiritual.

LUZ ARTIFICIAL (NO ALÉM)
– OM, **24.**

"LUZ COAGULADA"
– EVC, **9.**
V. Matéria.

LUZ DO CORPO ESPIRITUAL
V. Radiações Luminosas de Desencarnados e Encarnados.

LUZ ESPIRITUAL (O PODER DA,) E OS FLUIDOS INFERIORES
– NDM, **8**.

LUZ ETERNA (DIVINA)
– EDM, 1ª Parte, **13, 19**.

LUZ MENTAL
– OM, **49**. – ML, **1**. – NDM, **8**.

LUZ SOLAR (NO ALÉM)
– OM, **33**. – OVE, **6**. – LI, **4**. – EDM, 1ª Parte, **1**.
V. Sol.

LUZES ESPIRITUAIS (DO ALTO)
– OM, **24**. – ML, **2**. – OVE, **19**. – NMM, **5**. – LI, **12, 18**. – ETC, **28**. – NDM, **2, 12**. – AR, **8, 13**. – EVC, **12, 13**.

M

MACA
– NL, **2, 3**.

MADUREZA FÍSICA
– EV, **26**.

MÃE
– NL, **7, 15, 16, 26, 30, 36**. – OM, **7, 36, 50, 51**. – ML, **12, 13, 14, 15, 17**. – OVE, **7, 9, 13, 15, 17**. – NMM, **7, 10**. – LI, **3, 19, 20**. – ETC, **10, 26, 30, 33, 37**. – AR, **2, 4, 10, 13, 15**. – SD, 1ª Parte, **10**. – EVC, **23**.
V. Amor Materno Desorientado, Família, Lar, Maternidade.

MÃE SOLTEIRA
– NMM, **10**. – EVC, **23**.

MAGIA NEGRA
– OM, **6**. – LI, **20**. – ETC, **1**. – NDM, **20**. – AR, **4**. – EDM, 1ª Parte, **17**. – MM, **14, 19, 25**.
V. Bruxaria, Demônios e Demonismo, Joias Enfeitiçadas, Mandrágora, "Prece" (Rogativa) Maléfica.

MAGIA VULGAR
– MM, **25**.

MAGNÉTICA, PERMUTA,
– NL, **18**.

MAGNÉTICAS, APLICAÇÕES, (NO ALÉM)
V. Tratamento Médico no Além.

MAGNÉTICO-MENTAIS, EMISSÕES,
– OVE, **10**.

MAGNETISMO
– NL, **18, 21**. – OM, **10, 14, 18, 30, 33, 39, 43, 48, 49, 50**. – ML, **1, 4, 6, 7, 8, 13, 19**. – OVE, **9**. – NMM, **16**. – LI, **10, 15**. – ETC, **9, 30**. – NDM, Prefácio, **8, 9, 10**. – MM, **16**. – SD, 1ª Parte, **4, 8**. – EVC, **7**.
V. Acupuntura Magnética, Automagnetização, Barreiras Magnéticas de Defesa, Cadeia Magnética com Mãos Dadas, Campo Eletromagnético, Campo Magnético Essencial; Circuito Elétrico, Magnético e Mediúnico; Concentrações Fluídico Magné-

ticas, Departamento de Auxílio Magnético, Eletromagnetismo e Mediunidade, Energia Eletromagnética, Fenômenos Explicáveis pela Saturação Magnética, Ferromagnetismo e Mediunidade, Fluido Magnético, "Fluido Magnético" de Mesmer, Força Magnética (Correntes de,), Hipnose, Institutos Magnéticos (de "Campo da Paz"), Leis Magnéticas nas Esferas Inferiores, Magnetismo Lunar, Mento-Eletromagnéticos (Agentes,) Mesmer, Onda Eletromagnética (Mental), Passe Magnético, Petardos Magnéticos, Quimioeletromagnéticas Específicas (Propriedades,), Quimiotatismo Eletromagnético, Sedativo Magnético, Socorro Magnético de Profundidade, Técnico em Auxílio Magnético, Tempestade Magnética, Tormenta Magnética, Transfusão Fluídica, Zona Magnética de Defesa.

MAGNETISMO CURADOR
– ML, **7**.
V. Passe Magnético.

MAGNETISMO DO CAMPO E DAS PRAIAS
– ETC, **5**. – CE, **32**.

MAGNETISMO DO MAL E DO BEM
– ML, **11**. – LI, **17**.

MAGNETISMO EM SESSÃO ESPÍRITA
– ML, **17**.

MAGNETISMO ESPIRITUAL
– NL, **9, 10**. – ML, **6, 13**.

MAGNETISMO LUNAR
– ML, **7**.

MAGNETISMO PESSOAL
– ML, **13**. – NMM, **1, 16**.

MAGNETISMO PLANETÁRIO (TERRESTRE)
– OM, **40**. – ML, **6, 13**.

MÁGOA
– ML, **19**. – OVE, **5, 14**. – ETC, **16**. – BA, **25**.

MAL
– OM, **4, 41**. – OVE, **4**. – AC, **39**. – NMM, **3**. – LI, **1, 15**. – ETC, **1**. – AR, **1, 5, 7, 19**. – EDM, 2ª Parte, **18**. – SD, 2ª Parte, **11, 13**. – EV, Prefácio. – EVC, **2**. – RV, **30**. V. Antros do Mal, Cooperativas do Mal, Crime e Criminosos, Crueldade, Delinquência, Guerra, Organizações Consagradas ao Mal, Resistência contra o Mal.

MAL, COMENTÁRIO DO,
– NL, **34**. – AC, **9**.

MAL-ENTENDIDOS
– SA, **35**.

MALEDICÊNCIA
– ML, **6, 11**. – AC, **9, 41, 48**. – AR, **19**. – CE, **20**. – MM, **18**. – AV, **7**.
V. Palavra.

MALFEITORES ESPIRITUAIS
– OVE, **8, 15.** – LI, **16.**
V. Obsessão e Obsessores, Espíritos Delinquentes.

MANDRÁGORA
– MM, **25.**
V. Magia Negra.

MAPA DAS PROVAÇÕES (DO DESTINO)
– ML, **13.** – ETC, **8.**

MAPAS CROMOSSÔMICOS
– ML, **13.**
V. Genética, Hereditariedade.

MAPAS DE FORMAS ORGÂNICAS DO FUTURO REENCARNANTE
– ML, **12.**
V. Desenhos Anatômicos, Gabinete de Restringimento, Instituto de Serviço para a Reencarnação, Reencarnação, Serviço de Planejamento de Reencarnações.

MARCONI, Guilherme
– AR, **4.** – OE, **45.**

MARIA SANTÍSSIMA
– OVE, **13.** – AR, **8, 11.**

MARTÍRIO
– NMM, **5.**
V. Dor, Sofrimento.

MASCULINIDADE
– NMM, **11.** – EDM, 2ª Parte, **12.** – SD, 2ª Parte, **9.**

V. Sexo e Sexologia, Feminilidade.

MATADOURO E ESPÍRITOS INFERIORES
– ML, **11.**

MATÉRIA FÍSICA (OU DENSA)
– ML, **3.** – NMM, **4.** – NDM, Prefácio. – EDM, 1ª Parte, **1.** – MM, **3.** – EVC, **8, 9.**
V. Átomo, Corpo Físico, Espírito e Matéria, Plano Físico.

MATÉRIA MENTAL (OU FLUIDO MENTAL OU PENSAMENTO)
– OM, **33, 38, 40.** – ML, **6, 17, 19.** – OVE, **6, 10.** – NMM, **18.** – LI, **12.** – AR, **5.** – MM, **2, 4, 5, 9.** – EDM, 1ª Parte, **13.**
V. Agentes Mentais, Célula Mental, Corpo Mental, Elétrons Mentais, Partícula Mental, Pensamento, Plasma Criador da Mente.

MATÉRIA MENTAL TÓXICA (FULMINATÓRIA)
– NL, **4, 44.** – ML, **19, 13.** – OVE, **13.** – NMM, **6, 7, 10.** – LI, **10.** – ETC, **10, 32.** – NDM, **19.**
V. Bacilos Psíquicos (ou Larvas Mentais), Radiações Mentais.

MATÉRIA OBEDIENTE A OUTRAS LEIS
– OVE, **6.**

MATÉRIA PRIMÁRIA
– EDM, 1ª Parte, **2.**
V. Fluido Cósmico.

MATÉRIA QUINTESSENCIADA (DO PLANO ESPIRITUAL)
– OVE, **10**. – EDM, 1ª Parte, **13**. – EVC, **8**, **9**.

MATERIAL ISOLANTE DE VIBRAÇÕES INFERIORES
– EVC, **16**.

MATERIALISMO
– NDM, Prefácio. – MM, **3**. – SA, **12**.

MATERIALIZAÇÃO DE IDEIA
V. Ideoplastia, Poder Plástico da Mente.

MATERIALIZAÇÃO NO PLANO ESPIRITUAL
– ML, **17**. – LI, **3**, **5**, **18**, **20**. – NDM, **28**. – AR, **6**. – SD, 1ª Parte, **13**.

MATERIALIZAÇÃO NO PLANO FÍSICO
– ML, **10**, **14**. – EDM, 1ª Parte, **5**. – MM, **19**. – AV, **13**. – AVR, **16**.
V. Ectoplasma, Efeitos Físicos.

MATERNIDADE
– NL, **30**. – OM, **13**. – ML, **13**. – NMM, **10**, **19**. – LI, **18**. – ETC, **28**, **30**. – NDM, **30**. – CE, **1**.
V. Aborto, Amor Materno Desorientado, Amor Feminino, Anticoncepcionais, Casamento, Centro de Preparação à Maternidade e à Paternidade, Complexo de Édipo, Cônjuges, Divórcio, Enjoos da Gravidez, Escola das Mães, Família, Fecundações Físicas e Psíquicas, Filho Adotivo, Filhos, Gestação Frustrada, Gravidez, Hereditariedade, Honrar Pai e Mãe, Infanticídio, Lar, Ligações Conjugais de Resgate, Mãe, Mãe Solteira, Mapas de Formas Orgânicas do Futuro Reencarnante, Miniaturização do Perispírito, Monogamia, Mulher, Noivado, Paternidade, Poligamia, Renascimento Malogrado, Sexo e Maternidade, "Sinas de Nascença".

MATEUS, APÓSTOLO
V. Apóstolo Mateus.

MAXWELL, James Clerk
– MM, **2**, **3**.

MECÂNICA ONDULATÓRIA
– MM, **3**.

MEDALHA DO MÉRITO DE SERVIÇO
– NL, **32**.

MEDICAMENTOS
V. Remédios.

MEDICINA
– NL, **5**, **13**, **14**. – OM, **13**, **28**, **40**, **51**. – ML, **6**, **12**. – NMM, **7**. – EDM, 1ª Parte, **20**. – MM, **25**. – CE, **43**.
V. Bacilo Psíquico, Choques Elétrico e Insulínico, Cirurgia Psíquica, Coma, Crianças Doentes no Plano Espiritual, Cura, Diálogos Terapêuticos; Doenças Físicas, Mentais, Psíquicas e da Alma; Doentes Encarnados,

Erro Médico, Espíritos Enfermos, Eutanásia, Fluidoterapia, Higiene Mental, Hipnose, Hipnoterapia, Hospitais na Cidade "Nosso Lar", Hospitais nas Regiões Purgatoriais, Hospital-Escola, Imantação Mental, Infecções Fluídicas, Invasão Microbiana, Letargia, Loucos e Loucura, Magnetismo, Medicina da Alma, Mente e Mente, Microbiologia Psíquica, Moribundo, Morte, Operações Psíquicas, Predisposições Mórbidas do Corpo Espiritual, Psicanálise, Psicologia Analítica, Psicose, Psicoterapia, Psiquiatria, Psiquiatria e Obsessão, Receituário Espírita, Saúde, Sedativo Magnético, Sonoterapia, Sopro Curador, Terapêutica do Parasitismo da Alma, Transfusão Fluídica.

MEDICINA DA ALMA (ESPIRITUAL)
– NL, **13**. – OM, **4, 40**. – OVE, **5**. – NMM, **11**.

MEDICINA HUMANA DO FUTURO
– ML, **6, 12**. – OVE, **19**. – ETC, **13**. – EDM, 1ª Parte, **2**.

MEDICINA NO ALÉM
– OM, **13**. – ML, **6**. – OVE, **5**. – EVC, **5, 6, 10, 11, 12**.

MÉDICOS TERRENOS
– NL, **13, 14**. – OM, **13**. – ML, **17**. – OVE, **2**.
– LI, **10**. – ETC, **13, 28**. – NDM, **15**. – MM, **25**.

MÉDICOS ESPIRITUAIS
– NL, **4, 13, 14, 26**. – OM, **28**. – EDM, 2ª Parte, **19**. – EVC, **5**.

MEDITAÇÃO
– ML, **5**. – AC, **5**. – LI, **3, 11**. – NDM, **5**. – CE, **9**. – DO, **4**.
V. Concentração Mental.

MÉDIUM ANALFABETO (PSICÓGRAFO)
– NDM, **23**.

MÉDIUM CONSCIENTE
– OE, **17**.

MÉDIUM CURADOR
– ML, **19**. – MM, **22, 26**.
V. Cura.

MÉDIUM DESVIADO
– OM, **7, 8, 10**. – OVE, **14**. – LI, **11, 16**.
V. Mediunidade Mercantilizada.

MÉDIUM E MEDIUNIDADE
– OM, **7, 8, 9, 10, 13, 45, 46, 47**.
– ML, **1, 3, 5, 9, 10, 16, 17, 18, 19**. – OVE, **13, 14**. – NMM, **9**. – LI, **3, 11, 15, 16**. – NDM. – AR, **6**. – EDM, 1ª Parte, **8, 14, 17, 20**. – MM. – CE, **3, 4, 27, 29**. – OE, **15, 17, 21, 41, 45, 47, 55**. – SD, 1ª Parte, **8**. – DO. – SA, **31, 67, 68**. – EV, **31, 32**. – EVC, **22**.
V. Alucinação, Animismo, Aparelho Magnético de Contato mediúnico, Auto-Obsessão, Bruxaria, Câmara Cristalina; Circuito Elétrico, Magnético e Mediúnico; Clariaudiência, Clarividência de Desencarnados, Cla500 vidên-

cia de Encarnados, Comunicação Mediúnica, Concentração Mental em Reuniões Espíritas, "Condensador Ectoplásmico", Criptestesia Pragmática, Demônios e Demonismo, Desdobramento, Desenvolvimento Mediúnico, Desobsessão, Doutrinação e Doutrinador, Dupla Personalidade, Ectoplasma, Efeitos Físicos (Mediunidade de,), Efeitos Intelectuais (Mediunidade de,), Enxertia Mental, Epilepsia, Espelho Fluídico, Evangelho e Mediunidade, Fascinação Hipnótica, Fenômeno Mediúnico, Ferromagnetismo e Mediunidade, Filtragem Mediúnica, Fixação Mental, Fluidoterapia, Fluxo Mental, Força Eletromotriz e Força Mediúnica, Força Mental, Fotografia Transcendente, Fraude Mediúnica, Furto Psíquico, Garganta Ectoplásmica, Gerador Mediúnico, Identificação de Espírito Comunicante, Ideoplastia, Imantação Mental, Incorporação, Influenciações Espirituais Sutis, Inspiração, Interrupção Brusca do Circuito Mediúnico, Intuição, Invocação de Espírito, Jesus e Mediunidade, Joias Enfeitiçadas, Licantropia, Livro dos Médiuns (O), Magia Negra, Magnetismo, Materialização no Plano Espiritual, Materialização no Plano Físico, "Metagnomia Tátil", Metapsíquica, Místicos da Fé e Mediunidade, Mistificação, Onda Mental (Espiritual), Passe Magnético, Percepções Espirituais, Pesadelos, Pesquisas do Fenômeno Mediúnico, Possessão, Presença Espiritual e Lembrança (de Encarnado), Psicofonia Consciente, Psicofonia no Plano Espiritual, Psicofonia Sonambúlica, Psicografia, Psicometria, Psiquismo, Radiações Mentais, Receituário Espírita, Reuniões Espíritas, Revelações do Futuro e do Passado, Sacerdócio Desviado, Sessão Doutrinária e Mediúnica na Espiritualidade, Sessão Espírita, Sonambulismo Torturado, "Sujet", Swedenborg, Telepatia, "Telestesia", Trabalho dos Espíritos, Transfiguração, Transfusão Fluídica, Transmissão do Pensamento, Transporte (Mediunidade de,), Vampirismo Espiritual, Vampirismo Sexual, Vibrações Mentais, Vidência, Visão dos Espíritos, Visão no Leito de Morte, Voz Direta, Xenoglossia.

MÉDIUM PASSISTA
– MM, **22**.
V. Passe Magnético.

MÉDIUM, PREPARAÇÃO DO FUTURO, (NO ALÉM)
– OM, **7**, **10**.

MÉDIUM, QUALIDADES NECESSÁRIAS DO,
– ML, **1**. – NMM, **9**. – NDM, **3**.

MÉDIUM TELEGUIADO
– MM, **17**.

MEDIÚNICA, FRACASSOS NA TAREFA,
– OM, **9**, **10**.

MEDIÚNICA, MEDO NA TAREFA,
– OM, **9**. – OE, **41**.

MEDIÚNICA, OPOSIÇÕES À TAREFA,
– OM, **9**.

MEDIUNIDADE DE PROVAÇÃO OU TORTURADA
– NDM, **9**, **10**, **13**. – EVC, **22**.
V. Obsessão e Obsessores, Sonambulismo Torturado.

MEDIUNIDADE, CONCEITO DE,
– NDM, Prefácio, **1**, **5**, **12**, **15**.

MEDIUNIDADE E CÉREBRO
– MM, **6**.

MEDIUNIDADE E CIÊNCIA
– NDM, Prefácio, **29**.
V. Pesquisas do Fenômeno Mediúnico.

MEDIUNIDADE E ELETROMAGNETISMO
– MM, **8**.

MEDIUNIDADE E ESPIRITISMO
– NDM, **14**, **18**, **29**. – EDM, 1ª Parte, **17**. – OE, **47**.

MEDIUNIDADE E DESENVOLVIMENTO DA MENTE HUMANA
– OM, **5**.

MEDIUNIDADE E DÚVIDA
– LI, **16**. – MM, **18**.

MEDIUNIDADE E JESUS
– ML, **9**. – NDM, **29**. – MM, Prefácio, **26**.

MEDIUNIDADE E LOUCURA
– NDN, **19**.

MEDIUNIDADE E MORAL
– MM, **17**.

MEDIUNIDADE E PERISPÍRITO
– NMM, **9**.

MEDIUNIDADE E PRECE
– NDM, **2**, **7**, **17**. – MM, **25**.

MEDIUNIDADE E SAÚDE FÍSICA
– ML, **1**. – OVE, **13**. – DO, **8**.

MEDIUNIDADE ESTUANTE E ESPONTÂNEA
– EDM, 1ª Parte, **17**. – MM, **8**.

MEDIUNIDADE, IMPORTÂNCIA DA,
– NMM, **9**.

MEDIUNIDADE MERCANTILIZADA
– OM, **8** . – LI, **11**.
V. Médium Desviado.

MEDIUNIDADE, MISSÕES DA,
– OM, **5**, **6**, **7**, **13**. – ML, **5**. – NDM, **16**. – EDM, 1ª Parte, **19**.

MEDIUNIDADE NO LEITO DE MORTE
– NDM, **21, 23.**

MEDIUNIDADE NO PLANO ESPIRITUAL
– ML, **11.** – LI, **3.** – AR, **6.**

MEDIUNIDADE POLIGLOTA (OU DE XENOGLOSSIA)
– NDM, **23.**

MÉDIUNS PREPARADORES (DA VINDA DE JESUS)
– MM, **26.**

MÉDIUNS, ASSISTÊNCIA ESPIRITUAL COMPLETA E GLOBAL AOS,
– ML, **1.**

MÉDIUNS, COOPERAÇÃO MAGNÉTICA DOS ESPÍRITOS AOS,
– ML, **1.**

MÉDIUNS, RESPONSABILIDADE DOS,
– OM, **7.**

MÉDIUNS, TODOS SOMOS,
– MM, **16.**

MEDO
– NL, **1, 29, 42, 43.** – OM, **9, 48.** – ML, **13.** – OVE, **15.** – AC, **1, 5.** – AR, **18.** – OE, **41.**
V. Escola Contra o Medo, Fobia.

MEDO DA MORTE
– OM, **48.** – OVE, **18.**

MEDULA ESPINHAL
– EDM, 1ª Parte, **16.**

MEGALOMANIA INTELECTUAL
– ETC, **10.**
V. Escritores de Má-Fé.

MELINDRES
– SV, **23.** – RV, **19, 33, 39.**

MEMÓRIA
– NL, **21.** – OM, **38, 49.** – ML, **15.** – OVE, **7.** – NMM, **19.** – LI, **11.** – ETC, **8, 13, 14.** – AR, **2, 3.** – EDM, 1ª Parte, **3, 10, 12.** – SD, 1ª Parte, **10.** – EVC, **11** .
V. Amnésia dos Desencarnados, Análise Mental, Arquivo de Memórias e Registros Individuais, Arquivos Mentais, Centro da Memória, Esquecimento de Outras Vidas, Esquecimento Providencial e Provocado na Espiritualidade, Imobilização no Pretérito (Fenômeno de,), Lembranças dos Compromissos Assumidos no Além, Perispírito e Memória, Poder Mnemônico, Recordações de Vidas Passadas, Regressão de Memória, Visão Panorâmica Pós-Morte.

MEMÓRIA E REENCARNAÇÕES
– OVE, **7.** – ETC, **13.**
V. Arquivo de Memórias e Registros Individuais.

MENINOS CANTORES
– OM, **31.**
V. Música.

MENSAGEIROS DA LUZ
– AR, **3.**

V. Centro de Mensageiros, Espíritos Angélicos.

MENTAL E MENTE
– NL, **7, 10, 15, 16, 26, 27, 29, 50.** – OM, **1, 15, 16, 38, 41, 45, 47, 49.** – ML, **1, 4, 7, 9, 11, 13, 14, 19.** – OVE, **3, 10, 12, 18, 19.** – NMM, **1, 2, 3, 4, 6, 7, 8, 9.** – LI, **1, 2, 4 , 5, 6, 7, 8, 11, 13, 16, 19.** – ETC, **13, 16, 20, 21, 29, 30.** – NDM, **1, 2, 4, 5, 7, 12, 13, 17, 24.** – AR, **3, 4, 5, 8, 9 , 10, 16, 18, 19.** – EDM, Prefácio, 1ª Parte, **2, 8, 16, 17, 18, 19,** 2ª Parte, **3, 20.** – MM, **9, 10, 11, 12, 15, 17, 22.**
V. Criações Mentais (Imagens Vivas), Cirurgia Psíquica, Corpúsculos Mentais, Corrente Mental, Corrente Mental Sub-Humana, Correntes de Elétrons Mentais, Doenças e Vícios da Mente (Desregramentos Morais), Doenças Psíquicas (Mentais), Fotografia Animada por Fixação de Imagens Mentais, Larvas Mentais, Lei do Campo Mental, Luz Mental, Matéria Mental, Matéria Mental Tóxica (Fulminatória), Moldes Mentais, Partícula do Pensamento, Pensamento, Poder Plástico da Mente, Radiações Mentais.

MENTAL, PRISÃO,
– AR, **4, 5.**

MENTAL, SINTONIA,
– ML, **5.**

MENTALIZAÇÃO INCONVENIENTE
– EVC, **5.**

MENTE DIVINA
– NDM, **1, 13.** – MM, **4.**
V. Consciência Cósmica, Deus.

MENTE E CORPO FÍSICO
– EDM, 1ª Parte, **8.**

MENTE HUMANA, VIBRAÇÕES DA, (NA CROSTA)
– OM, **15.**

MENTE, O PODER DA,
– ML, **19.** – OVE, **10, 18.** – LI, **3.** – EDM, 2ª Parte, **20.**

MENTIR
– LI, **4.**
V. Verdade (A,).

MENTO-ELETROMAGNÉTICOS, AGENTES,
– MM, **16.**
V. Agentes Mentais, Fluido Magnético.

MENTOR ESPIRITUAL
– V. Guia Espiritual.

"MENTOSSÍNTESE"
– EDM, 1ª Parte, **14.**

MERECIMENTO
– NL, **7, 47.** – OM, **25, 29.** – NMM, **2, 4.** – AR, **18.** – EVC, **22.**
V. Crédito Espiritual, Débito Congelado ou Estacionário, Justiça na Espiritualidade, Semeadura e Colheita.

MERETRIZES
– NL, **16**. – ML, **5**. – LI, **4**, **5**. – ETC, **14**. – AR, **14**. – SD, 2ª Parte, **7**, **10**. – EVC, **23**. – SV, **45**.

MESA FAMILIAR E INFLUÊNCIAS ESPIRITUAIS
– ML, **11**.
V. Família, Obsessão e Obsessores.

MESMER, Franz Anton
– NMM, **8**, **16**. – LI, **11**. – NDM, **1**.

METABOLISMO E EVOLUÇÃO
– EDM, 1ª Parte, **8**.

"METAGNOMIA TÁTIL"
– NDM, **26**, **29**.
V. Médium e Mediunidade.

METAMORFOSE DO INSETO
– EDM, 1ª Parte, **11**, **12**.

METAMORFOSE DO PERISPÍRITO
– ETC, **13**, **17**.
V. Perispírito (Plasticidade do,)

METAMORFOSE E DESENCARNAÇÃO
– EDM, 1ª Parte, **12**.

METAPSÍQUICA
– OM, **45**. – ML, **16**. – EDM, 1ª Parte, **17**. – MM, Prefácio, **17**, **18**, **26**. – CE, **29**.
V. Parapsicologia, Richet.

MICROBIANA, INVASÃO,
– LI, **2**. – EDM, 2ª Parte, **20**.

MICROBIOLOGIA PSÍQUICA
– OM, **40**. – ML, **6**.

MICROFOTOGRAFIA
– AR, **6**. – NDM, **2**.
V. Aparelhos.

MILAGRE
– CE, **13**. – OE, **13**.

MINERAIS E EVOLUÇÃO
– NMM, **3**. – AR, **7**. – EDM, 1ª Parte, **3**, **4**, **6**. – MM, **10**.

MINIATURIZAÇÃO OU RESTRINGIMENTO DO PERISPÍRITO
– EVC, **16**.
V. Restringimento do Corpo Espiritual.

MINISTÉRIO DA COMUNICAÇÃO (DA COLÔNIA "NOSSO LAR")
– NL, **8**, **9**, **11**, **16**, **17**, **18**, **23**, **28**, **29**, **37**, **41**, **42**, **47**. – OM, **1**, **3**, **6**, **7**. – NDM, **1**.
V. Colônia Espiritual "Nosso Lar".

MINISTÉRIO DA ELEVAÇÃO (DA COLÔNIA "NOSSO LAR")
– NL, **8**, **9**, **11**, **18**, **23**, **39**, **42**, **45**. – OM, **13**.

MINISTÉRIO DA REGENERAÇÃO (DA COLÔNIA "NOSSO LAR")
– NL, **8**, **9**, **11**, **16**, **17**, **22**, **23**, **25**, **26** a **31**, **32**, **37**, **38**, **43**. – AR, **6**. – SD, 2ª Parte, **10**.

MINISTÉRIO DA UNIÃO DIVINA (DA COLÔNIA "NOSSO LAR")
– NL, **8, 9, 10, 11, 17, 18, 23, 24, 32, 42.** – OM, **13.**

MINISTÉRIO DO AUXÍLIO (DA COLÔNIA "NOSSO LAR")
– NL, **8, 9, 10, 11, 17, 18, 20, 26, 28, 37, 42, 43, 45.** – OM, **2.** – AR, **1.** – SD, 2ª Parte, **10.**

MINISTÉRIO DO ESCLARECIMENTO (DA COLÔNIA "NOSSO LAR")
– NL, **8, 9, 11, 17, 18, 21, 22, 33, 42.** – OM, **13.**

MINISTROS ANGÉLICOS DA SABEDORIA DIVINA
– EDM, 1ª Parte, **3.**
V. Espíritos Angélicos.

MINISTROS RELIGIOSOS, REVOLTA NO ALÉM DE,
– ML, **17.**
V. Sacerdotes.

MISANTROPIA
– AR, **8.**

MISERICÓRDIA
– ML, **13.** – NMM, **6.** – AR, **7.** – EVC, **11.**
V. Caridade.

MISSA
– LI, **9.** – ETC, **11.**
V. Igreja Católica Romana.

MISTICISMO RELIGIOSO
– NMM, **9.**

MÍSTICOS DA FÉ E MEDIUNIDADE
– MM, **21.**

MISTIFICAÇÃO
– OE, **47.**
V. Fascinação Hipnótica, Fraude Mediúnica.

MITOCÔNDRIOS
– EDM, 1ª Parte, **8, 9.**
V. Célula.

MITOLOGIA
– EDM, 1ª Parte, **17.**

MITOMANIA
– OVE, **2.**
V. Psicose.

MOBILIÁRIO (E OBJETOS DO LAR)
– NL, **17, 32.** – OM, **31.** – EVC, **5.**
V. Casa Própria, Residências.

MOCIDADE
– SA, **19.**

MOÇO CRISTÃO (CARACTERÍSTICAS DO,)
– AVR, **4.**
V. Jovens.

MOISÉS
– NMM, **9.** – ETC, **6.** – NDM, **18.** – EDM, 1ª Parte, **4, 20.** – MM, **25.** – OE, **45.**
V. Decálogo Divino.

MOLDE PERISPIRÍTICO
– ML, **13.**

MOLDES MENTAIS
– ML, **13**. – AR, **4**. – EDM, 1ª Parte, **2**, 2ª Parte, **13**.
V. Reencarnação.

MÔNADAS CELESTES
– EDM, 1ª Parte, **1**, **3**, **6**, **7**.

MÔNADAS FUNDAMENTAIS (OU PRINCÍPIOS INTELIGENTES)
– EDM, 1ª Parte, **3**, **6**.
V. Princípio Inteligente.

MONGOLISMO
– NMM, **7**. – ETC, **10**, **33**. – NDM, **15**.
V. Resgate, Crianças Retardadas, Débil Mental.

MONOGAMIA
– EDM, 1ª Parte, **18**, 2ª Parte, **10**, **11**. – EVC, **14**.
V. Casamento, Poligamia.

MONOIDEÍSMO
– EDM, 1ª Parte, **12**, **15**, **16**. – MM, **9**.
V. Fixação Mental, Pensamento "Fixo-Depressivo".

MONSTROS
– NL, **1**, **2**, **33**. – OM, **33**, **37**. – OVE, **4**, **6**. – LI, **10**. – AR, **3**.
V. Dorian Gray (Retrato de,).

MONSTROS MENTAIS
– NMM, **18**. – LI, **10**.

MONTES E MONTANHAS
– NL, **7**. – OM, **15**.

MORAL
– ML, **1**, **6**, **10**. – OVE, **4**. – AC, **43**. – LI, **2**. – ETC, **17**, **21**, **35**. – EDM, 1ª Parte, **11**. – MM, **24**.
V. Virtude.

MORDOMIA TERRESTRE
– OM, **13**.

MORIBUNDO
V. Agonia da Morte.

MORTE (DESENCARNAÇÃO)
– NL, Prefácio, **14**. – OM, **20**, **21**, **22**, **43**, **48**, **49**, **50**. – ML, **4**, **7**, **9**, **11**, **13**. – OVE, **1**, **4**, **5**, **10**, **11**, **12**, **13**, **14**, **15**, **16**, **17**, **18**, **19**. – NMM, **4**, **7**. – AC, **18**. – LI, **1**, **2**, **8**, **12**. – ETC, **5**. – NDM, **4**, **8**, **14**, **21**, **25**. – AR, **2**, **5**, **18**. – EDM, 1ª Parte, **1**, **2**, **11**, **12**, **19**, 2ª Parte, **17**. – CE, **36**. – SD, 1ª Parte, **3**, 2ª Parte, **7**, **9**, **12**. – EV, **26**. – EVC, **5**, **6**, **7**, **8**, **9**, **10**, **11**, **12**, **23**, **24**.
V. Agonia da Morte, Agonia da Morte Prolongada, Agonizante Ergue Sua Mão Inerte, Assistência Espiritual à Necrópole, Assistência Espiritual às Desencarnações, Aviso da Morte, Cemitério, Civilizações Antigas e o Além--Túmulo, Cordão Fluídico (Prateado), Desencarnação (Data da,), Desencarnação (Melhora Aparente na Pré-,), Desencarnação [Processo (Técnica) da,], Desencarnação e Excursões, Desencarnação e Prece, Desencarnação na Infância, Desencarnação Natural, Desencarnação por Imprudência, Despertar no Pla-

no Espiritual, Enterro, Espírito Preso às Vísceras Cadavéricas, Eutanásia, "Histogênese Espiritual", Imortalidade, Infanticídio, Loucos Recém-Desencarnados, Mediunidade no Leito de Morte, Medo da Morte, Morte Aparente, Múmias Espirituais, Nó Vital, Obsessão Logo Após a Desencarnação, Parricídio, Preparação da Volta à Espiritualidade (na Velhice), Prorrogação da Vida Física, Recém-Desencarnados, Recordações das Vidas Passadas, Recordações Espontâneas de Vidas Passadas (no Além), Renascimento Malogrado, Resgates Coletivos, "Segunda Morte", Semimortos no Além (em Sono Profundo), Sintonia Mental entre Recém-Desencarnados e Familiares Encarnados, Sono Post-Morte, Suicida e Suicídio, Velório, Visão no Leito de Morte, Visão Panorâmica Pós-Morte, Vísceras Cadavéricas, Entidades Inferiores.

MORTE, A MAIOR SURPRESA DA,
– NL, Prefácio.

MORTE, IDEIA DA,
– OM, **48**.

MORTE APARENTE (NO ALÉM)
– OM, **20**.

MORTE FÍSICA, NÃO ACEITAÇÃO DA PRÓPRIA,
– OM, **21, 48**.

MORTE MORAL
– ETC, **35**.

MORTE PREMATURA
– EVC, **22**.

MORTE PREMATURA E MARTÍRIO DOS PAIS
– ETC, **28, 36**. – AR, **18**.

MOTORES E GERADORES
– OVE, **10**. – MM, **9**.

MOVIMENTO FEMINISTA
– NL, **20**.

MUARES
– NL, **33**.
V. Animais na Esfera Espiritual.

MULHER, MISSÃO DA,
– ETC, **39**. – CE, **1**. – EDM, 2ª Parte, **14**.
V. Casamento, Família, Feminilidade, Lar, Mãe, Maternidade, Movimento Feminista.

MULHERES, SERVIÇOS DE EXTENSÃO DO LAR PARA AS,
– NL, **20**.

MÚMIAS ESPIRITUAIS
– OM, **22, 25**. – NDM, **25**.
V. Hibernação Espiritual, Sono dos Desencarnados.

MUNDO, ATUAL MOMENTO DO,
– OM, **5**. – NMM, **1, 2, 15**.
V. Futuro da Humanidade.

**MUNDOS
(PLANOS VIBRATÓRIOS)**
– OM, **15**.
V. Universo.

**MUNDOS (PLANETAS)
HABITADOS**
– OM, **18, 45**. – OVE, **3**. – NMM,
2, 4. – ETC, **1**. – AR, **9**. – EDM,
1ª Parte, **1, 20**.
V. Habitação dos Espaços entre
os Planetas, Locomoção nas Migrações Interplanetárias, Universo, Viagem Interplanetária.

MURALHA
– NL, **3**. – OM, **16**.

MURO
– OM, **16**. – AR, **5, 11**. – EVC,
6, 7.

MÚSICA
– NL, **3, 11, 17, 24, 32, 41, 42** ,
44, 45. – OM, **31, 32**. – ML, **10**.
– OVE, **1, 20**. – LI, **3, 4**.– AR,
10, 11, 20. – SD, 2ª Parte, **14**. –
EVC, **7**. – RV, **37**.
V. Audição Espiritual (Percepção Musical), Campo da Música,
Canções (Letras das,), Clarinada
na Colônia "Nosso Lar", Coral
(Canto), Grande Coro do Templo
da Governadoria, Hinos, Instrumentos Musicais, Meninos Cantores, Músicos.

MÚSICOS
– NL, **17**.

N

NABUCODONOSOR
– LI, **5**.

NAPOLEÃO
– LI, **1**. – NDM, **26**.
V. Verdugos de Nações.

NARCOANÁLISE
– SD, 2ª Parte, **13**.

NATAL DE JESUS
– NL, **32, 46**. – CE, **47**.

NATUREZA
– NL, **50**. – OM, **33, 42**. – AC,
35. – ETC, **8**. – CE, **32**.
V. Espíritos Servidores da Natureza, Ecologia.

**NEBULOSAS
INTRAGALÁTICAS**
– EDM, 1ª Parte, **1**.
V. Universo.

**NECESSIDADES
FISIOLÓGICAS DOS
DESENCARNADOS**
– NL, **2**.

**NEGOCIANTES
IMPREVIDENTES**
– NL, **27**. – NMM, **17**.
V. Dinheiro, Usurário.

NERO
– NMM, **2**. – MM, Prefácio.

NEURASTENIA
– NL, **19**.
V. Psiconeurose.

NEUROSE
- NMM, **14.** - EDM, 1ª Parte, **14, 18.** - MM, **24.**
V. Psiquiatria.

NEVOEIRO
- OVE, **6.** - LI, **7.**
V. Esferas Espirituais, "Grande Nevoeiro", Umbral.

NEWTON, Isaac
- LI, **11.** - MM, **2.** - OE, **45.**

NITROGÊNIO
- OM, **42.**
V. Alimentação Carnívora, Oxigênio, Ozônio.

"NÓ VITAL"
- OVE, **16.**
V. Morte.

"NÓDULO DE FORÇAS MENTAIS DESEQUILIBRADAS"
- EDM, 2ª Parte, **19.**
V. Doenças e Carma, Espíritos Dementados, Remorso.

NOIVADO NA TERRA
- NL, **20.**
V. Família.

NOIVADO NO ALÉM
- NL, **38, 45.** - OM, **30, 48.**

"NOSSO LAR"
- V. Colônia Espiritual "Nosso Lar".

NOTICIÁRIO DA CROSTA, LIMITAÇÃO DO,
- NL, **23.**

NOVA ERA
- ML, **4.** - NDM, **1, 29.**
V. Futuro da Humanidade, Era do Espírito.

NUCLEOPROTEÍNA
- EDM, 1ª Parte, **3, 7.**
V. Célula.

NUDEZ AO DESENCARNAR
- OVE, **13.**
V. Vestuário dos Espíritos.

O

"O CÉU E O INFERNO"
OE, **8, 35, 39, 42, 54, 60.**

"O EVANGELHO SEGUNDO O ESPIRITISMO"
CE, **45.** - OE, **2, 3, 4, 5, 6, 12, 13, 14, 16, 19, 26, 27, 28, 29, 30, 32, 33, 34, 36, 37, 38, 44, 46, 49, 51, 52, 53, 55, 56, 57, 59, 60.** - DO, **27, 28.** - EV.

"O LIVRO DOS ESPÍRITOS"
- AR, Prefácio. - CE, **45.** - OE, **1, 7, 9, 10, 11, 21, 23, 24, 40, 60.** - SA, **57.** - DO, **27, 28.** - EV.

"O LIVRO DOS MÉDIUNS"
- OE, **15, 17, 20, 22, 25, 31, 41, 43, 45, 47, 60.** - DO, **27, 66, 73.**

OBEDIÊNCIA
- NL, **22, 45.** - SA, **52.** - SV, **16.**
V. Disciplina.

OBSESSÃO DE NASCITUROS (EMBRIÕES E FETOS)
– NL, **46**. – ML, **13**, **15**. – EDM, 1ª Parte, **15**. – MM, **18**.

OBSESSÃO DURANTE O SONO
– LI, **6**, **16**. – ETC, **5**, **33**.

OBSESSÃO E ALCOOLISMO
– NMM, **14**. – NDM, **15**, **21**. – SD, 1ª Parte, **6**, 2ª Parte, **11**.

OBSESSÃO E ANIMISMO
– NDM, **22**. – MM, **23**.

OBSESSÃO E COMPLEXO DE CULPA
– ETC, **3**, **4**.

OBSESSÃO E DESENVOLVIMENTO MENTAL DA HUMANIDADE
– OM, **5**.

OBSESSÃO E ESPIRITISMO
– MM, **24**.

OBSESSÃO E FIGURAS DE DEMÔNIOS
– AR, **4**

OBSESSÃO E LOUCURA
– OVE, **2**. – NMM, **3**, **7**, **16**, **18**. – LI, **2**, **8**, **9**, **10**, **11**.

OBSESSÃO E OBSESSORES
– OM, **23**, **38**, **46**, **50**. – ML, **5**, **18**. – OVE, **2**. – NMM, **3**, **4**, **7**, **8**. – AC, **18**. – LI, **1** , **2**, **3**, **4**, **6 9**, **10**, **11** , **12**, **15**, **16**, **17**. – ETC, **3**, **5**. – NDM, **3**, **6**, **9**, **13**, **16**, **18**, **19**, **24**. – AR, **3** , **4**, **6**. – EDM, 1ª Parte, **15**. – MM, **15**, **16**, **17**, **19**, **23**, **24**. – SD, 1ª Parte, **1**, **6**, 2ª Parte, **3**, **4**, **5**, **6**, **14**. – DO. – SA, **7**. – EV, **23**, **35**. – EVC, **16**, **19**, **22**, **23**.
V. Aborto e Obsessão, Agressão das Trevas, Agressão de Espíritos sobre Encarnados, Auto--Obsessão, "Delírio Psíquico", Delirium Tremens, Demônios e Demonismo, Desobsessão, Dupla Personalidade, Enxertia Mental, Epilepsia, Escola de Vingadores, Espíritos Delinquentes, Espíritos Endemoninhados, Gradação das Obsessões, Hipnose e Obsessão, Imantação Mental, "Infecções Fluídicas", Influência Mental dos Encarnados entre Si, Influenciações Espirituais Sutis, Licantropia, Magia Negra, Médium e Mediunidade, Mesa Familiar e Influências Espirituais, Operação Magnética (Ação dos Espíritos Benfeitores e Obsessores no Corpo Físico), Organizações Consagradas ao Mal, Parasitas Ovoides, Possessão, Psiquiatria, Psiquiatria e Obsessão, Simbiose Espiritual ou Mental, Sintonia Espiritual, Suicídio e Obsessão, Técnica Obsessiva, Vampirismo Espiritual.

OBSESSÃO E PERISPÍRITO
– ETC, **3**.

OBSESSÃO E VAMPIRISMO
– EDM, 1ª Parte, **15**.

OBSESSÃO EM TEMPLOS RELIGIOSOS (SONO PROVOCADO)
– ML, **5**, **10**. – LI, **9**. – NDM, **4**, **16**, **18**.

OBSESSÃO ENTRE ENCARNADOS
– NDM, **19**.

OBSESSÃO LOGO APÓS A DESENCARNAÇÃO
– NL, **34**, **43**. – NMM, **10**.

OBSESSÃO POR INVEJA
– LI, **16**.

OBSESSÃO, PROCESSOS DE,
– AR, **8** .

OBSESSÃO RECÍPROCA ENTRE DESENCARNADOS (IMANTAÇÃO MENTAL)
– NMM, **10**. – LI, **12**.

OBSESSÃO RECÍPROCA ENTRE ENCARNADOS E DESENCARNADOS
– NDM, **14**, **27**.

OBSESSORES, AFASTAMENTO FORÇADO DE,
– ML, **5**, **18**. – LI, **16**. – ETC, **3**, **23**. – NDM, **23**.

OBSTÁCULOS
– AC, **13**, **44**. – SV, **20**. – RV, **19**. – EP, **7**.
V. Problemas Pessoais.

OCEANO (NO ALÉM)
– NL, **10**.

OCEANO, RESERVATÓRIO DE FORÇAS
– ETC, **5**. – CE, **32**. – EVC, **21**.

OCIOSIDADE
– ML, **13**. – OVE, **19**. – AC, **30**, **36**. – LI, **4**.
V. Preguiça.

ODIAR E ÓDIO
– NL, **5**, **30**. – ML, **4**, **13**, **18**. – NMM, **3**, **7**, **10**. – AC, **13**, **36**, **39**. – LI, **7**, **10**, **11**. – ETC, **16**, **19**, **31**, **32**, **35**. NDM, **9**, **20**. – AR, **6**, **10**. – EVC, **24**.
V. Adversário, Agressão das Trevas, Antipatia, Armas, Assassínio e Assassino, Calúnia, Cólera, Cooperativas do Mal, Crime e Criminosos, Delinquência, Flagelação de Espíritos, Flagelação Mental, Imantação Mental, Inimigo, Malfeitores Espirituais, Obsessão e Obsessores, Revolta, Revolta das Trevas, Vingança, Violência, Vítima.

ÓDIO E DOENÇAS
– ML, **4**. – NMM, **3**, **10**. – EDM, 2ª Parte, **20**.

ODOR DOS ESPÍRITOS
– AR, **5**.

OFICINAS
– NL, **11**.
V. Fábricas, Indústrias.

OLIGOFRENIAS
V. Débil Mental.

ONDA ELETROMAGNÉTICA (MENTAL)
– EDM, 1ª Parte, **1**. – MM, **1, 8, 10, 11**.
V. Eletricidade, Magnetismo, Mental e Mente.

ONDA HERTZIANA
– NDM, **12**. – MM, **1, 11**.

ONDA MENTAL (ESPIRITUAL)
– NDM, Prefácio. – MM, **4, 11**.
V. Médium e Mediunidade, Mental e Mente.

ONDAS E PERCEPÇÕES
– MM, **1, 18**.

ONTOGÊNESE RECAPITULA A FILOGÊNESE, A
– ML, **13**. – ETC, **29**.
V. Evolução das Espécies.

OPERAÇÃO MAGNÉTICA (AÇÃO DOS ESPÍRITOS BENFEITORES E OBSESSORES NO CORPO FÍSICO)
– ML, **7**. – OVE, **16, 17, 18**. – NMM, **12**. – LI, **9, 10**.
V. Cura, Obsessão e Obsessores.

OPERÁRIOS
– NL, **8**. – OM, **22**.
V. Servidores (Serviçais).

ORAÇÃO
V. Prece.

ORADOR ESPÍRITA
– ML, **9**. – CE, **14**. – EV, **37**.
V. Doutrinação e Doutrinador, Evangelização, Instrução, Palavra.

ORDEM
– NL, **8, 11**. – NMM, **7**. – AR, **1**.
V. Disciplina, Obediência.

ORFANDADE
– OVE, **19**. – ETC, **33**. – AR, **16**.

ORGANISMO HUMANO (O TODO INDIVISÍVEL DO,)
– EDM, 1ª Parte, **5**.
V. Corpo Físico.

ORGANISMO PERISPIRITUAL (OU ESPIRITUAL)
– NL, **4**. – LI, **2**.
V. Perispírito.

ORGANIZAÇÃO DO ESPIRITISMO
– SA, **54**.
V. Espiritismo.

ORGANIZAÇÃO ESPIRITUAL DOS SERVIDORES CATÓLICOS
– ETC, **34**.
V. Igreja Católica Romana.

ORGANIZAÇÕES CONSAGRADAS AO MAL
– OM, **20**. – ML, **17**. – LI, **1, 2**.
V. Colônias de Espíritos Pervertidos, Cooperativas para o Mal, Dragões (do Mal), Escola de Vingadores, Forças Tenebrosas do Umbral, Governo das Sombras,

Guardiões das Trevas, Legiões Infernais, Obsessão e Obsessores, Salteadores da Sombra.

ORGANIZAÇÕES DE ASSISTÊNCIA INDISCRIMINADA
– OVE, **14**.

ORGANIZAÇÕES RELIGIOSAS TÍPICAS
– EDM, 2ª P, **7**.
V. Templos, Religião.

ÓRGÃOS PSICOSSOMÁTICOS (DO PERISPÍRITO)
– EDM, 1ª Parte, **4**, **15**, 2ª Parte, **20**.
V. Organismo Perispiritual.

ORGULHO
– NL, **20**, **26**. – LI, **7**. – AR, **10**, **13**.

ORIENTAÇÃO ESPIRITUAL
– OM, **46**, **47**. – AC, **18**. – SA, **69**. – EP, **5**.

ORIENTADORES DO PROGRESSO (DA DOUTRINA ESPÍRITA)
– EDM, 1ª Parte, **17**.

ORTODOXIA E REVELAÇÃO
– LI, **2**.

OTIMISMO
– NL, **19**. – OM, **2**, **40**. – AC, **29**. – NDM, **3**. – SA, **43**.

OUVIR
– SV, **15**.

OVOIDES
V. Corpos ou Esferas Ovoides.

"OVOIDIZAÇÃO"
– EDM, 1ª Parte, **19**, 2ª Parte, **3**.

OXIGÊNIO E MATERIALIZAÇÃO
– ML, **10**.

OZÔNIO E MATERIALIZAÇÃO
– ML, **10**.

P

PACIÊNCIA
– OVE, **2**. – NMM, **16**. – AC, **29**, **30**. – AR, **19**. – OE, **21**. – SD, 2ª Parte, **13**. – SA, **18**. – RV, **2**. – EP, **8**.
V. Compreensão, Tolerância.

PADRES
– OVE, **2**, **4**, **5**, **6**, **7**, **8**, **9**, **12**, **13**, **15**, **18**. – EVC, **7**.
V. Sacerdotes.

PAI
– NL, **16**, **29**, **30**, **33**, **48**. – LI, **3**, **15**. – ETC, **6**, **12**. – AR, **18**. – EV, **38**. – EVC, **23**.
V. Casamento, Família.

PAI CELESTE
V. Deus.

"PAI NOSSO"
– ETC, **6**. – AR, **11**.
V. Prece.

PAÍS DA "NEBLINA CARNAL"
– LI, **19**.

PAISAGEM ASTRAL
– NL, **1, 2**.

PAIXÃO DO FENÔMENO MEDIÚNICO
– ML, **9**.
V. Médium e Mediunidade.

PAIXÃO POLÍTICA
– OVE, **4**.
V. Política e Políticos.

PAIXÕES (AFETIVAS)
– OM, **20, 35**. – ML, **13**. – NMM, **15**. – LI, **4**. – ETC, **16, 26, 33**. – NDM, **6**. – AR, **1**. – SD, 1ª Parte, **4**.

PALÁCIO DA GOVERNADORIA DE "NOSSO LAR"
– NL, **8**.

PALÁCIOS ESTRANHOS
– LI, **4**.
V. Casario.

PALAVRA
– NL, **6, 5**. – OM, **11, 27**. – OVE, **2, 5**. – AC, **1, 2, 3, 4, 5, 9, 32**. – LI, **4, 14**. – ETC, **20, 22**. – NDM, **4**. – EDM, 1ª Parte, **10**. – RV, **17**. – BA, **12, 28**. – EP, **18**. – AV, **16**.
V. Calúnia, Centro Laríngeo, Conversação Negativa, Conversação Sadia, Diplofonia, Doutrinação e Doutrinador, Gaguez, Garganta Ectoplásmica, Linguagem Animal, Linguagem Convencional, Linguagem dos Desencarnados, Orador Espírita, Verbo, Voz, Xenoglossia.

PALAVRA E FLUXO MAGNÉTICO
– OM, **27, 16**. – ML, **18**.

PALEONTOLOGIA
– EDM, 1ª P, **6**.

PÂNTANOS (TENEBROSOS)
– OVE, **9**. – AR, **2**.
V. Lama.

PARALELISMO PSICOFÍSICO
– NMM, **7**.

PARALISIA
– NL, **5**. – OM, **22**. – NMM, **7**. – NDM, **15**.

PARANOIA
– NDM, **25**. – MM, **24**. – EVC, **13**.
V. Esquizofrenia, Psiquiatria.

PARAPLASMA
– EDM, 1ª Parte, **7**.
V. Célula.

PARAPSICOLOGIA
– MM, Prefácio. – CE, **29**.

"PARASITAS OVOIDES"
– EDM, 1ª Parte, **15**, 2ª Parte **19**.
V. Corpos Ovoides.

PARASITISMO DE DESENCARNADOS POR ENCARNADOS
– NDM, **27**.

PARASITISMO ESPIRITUAL
– NDM, **6**. – EDM, 1ª Parte, **15**.
V. Vampirismo Espiritual.

PARASITISMO E REENCARNAÇÃO
– EDM, 1ª Parte, **15**.
V. Reencarnação.

PARENTES
– CE, **19**. – SV, **7**.
V. Família.

PARQUE HOSPITALAR (DE SAÚDE)
– NL, **5**, **7**.

PARQUES DE EDUCAÇÃO
– NL, **32**.

PARQUES DE ESTUDO E EXPERIMENTAÇÃO DE ANIMAIS
– NL, **33**.
V. Animais na Esfera Espiritual.

PARRICÍDIO
– NDM, **10**.
V. Filhos-Problemas.

PARTÍCULA DO PENSAMENTO (DA CORRENTE MENTAL)
– EDM, 1ª Parte, **13**, 2ª Parte, **15**. – MM, **10**.
V. Mental e Mente, Pensamento.

PARTO
– AR, **10**.

PASSADO
– AR, **13**.
V. Cristalização Mental, Emersão do Passado, Imobilização no Pretérito, Recordações de Vidas Passadas, Reencarnação.

PÁSSARO
V. Aves.

PASSE (MAGNÉTICO)
– NL, **4**, **5**, **29**, **31**, **36**. – OM, **22**, **44**, **48**. – ML, **10**, **14**, **19**. – OVE, **9**, **11**, **12**. – LI, **12** , **15**. – ETC, **13**, **34**. – NDM, **17**. – AR, **3**. – EDM, 2ª Parte, **15**. – MM, **22** . – CE, **28**. – OE, **55**. – SD, 1ª Parte, **2**, **5**, **6**, 2ª Parte, **2**. – DO, **52**. – EVC, **13**, **14**.
V. Autopasse, Cura, Fluidoterapia, Magnetismo, Médium Curador, Médium Passista, Operação Magnética, Sopro Curador.

PASSE E JESUS (E APÓSTOLOS)
– MM, Prefácio. – OE, **55**.

PASSE, SALA DE,
– NDM, **17**.

PASSE, TIPOS DE,
– NL, **27**. – ML, **19**. – OVE, **11**, **13**, **14**, **15**, **16**, **19**. – NMM, **12**, **13**, **13**, **14**. – LI, **14**, **15**, **19**. – AR, **3**, **12**, **14**. – SD, 2ª Parte, **3**.

PASSE, BOA VONTADE E RESPONSABILIDADE
– OM, **44**.

PASTEUR, Louis
– LI, **1**. – OE, **45**.

PATERNIDADE
– NL, **30**. – LI, **18**. – NDM, **30**.
V. Centro de Preparação à Maternidade e à Paternidade, Família.

PATOGÊNESE
– ML, **4**. – ETC, **10**.
V. Doenças Físicas, Mentais, Psíquicas e da Alma.

PÁTRIA
– CE, **31**.

PAULO DE TARSO
V. Apóstolo Paulo.

PAVILHÕES
– NL, **3**. – OM, **22**. – CA, desenhos.
V. Casario.

PAVLOV, Ivan Petrovich
V. Reflexo Condicionado de Pavlov.

PAZ (INTERIOR E AMBIENTE DE,)
– NL, **23**. – OVE, **14**. – NMM, **2**.
– AC, **30**. – LI, **19**, **20**. – ETC, **39**.
– RV, **27**, **29**. – BA, **8**.
V. Equilíbrio, Paciência, Serenidade, Templo da Paz.

PEÇAS PROTÉTICAS
– EDM, 2ª Parte, **5**.

PEDIDOS DE ORIENTAÇÃO ESPIRITUAL
– OM, **46**.

PEDRO, APÓSTOLO
V. Apóstolo Pedro.

PENITENCIÁRIAS DO ESPÍRITO (HOSPITAIS CARCERÁRIOS)
– MM, **24**.
V. Justiça na Espiritualidade.

PENITÊNCIAS
– OE, **51**.

PENSAMENTO (FLUIDO MENTAL OU MATÉRIA MENTAL OU RADIAÇÃO MENTAL)
– NL, **23**, **24**, **27**, **30**, **32**, **37**, **44**.
– ML, **4**, **5**, **7**, **19** – OVE, **19**. –
AC, **32**. – LI, **2**, **4**, **17**. – ETC, **4**,
6, **20**, **26**. – NDM, **1**, **3**, **4**, **5**, **11**,
13, **15**, **19**, **24**, **26**. – AR, **4**, **5**, **8**.
– EDM, 1ª Parte, **6**, **10**, **13**, **16**,
2ª Parte, **15**. – MM, **4**, **9**, **10**, **11**,
15, **24**. – SD, 2ª Parte, **11**. – SA,
17. – EVC, **12**. – RV, **23**.
V. Agentes Mentais, Análise de Formas-Pensamentos Projetadas na Aura, Arquivos Mentais, Campo Mental, Célula Mental, Cérebro, Clichê Mental, Concentração Mental, Corpúsculos Mentais, Corrente Mental, Corrente Mental Sub-Humana, Corrente de Elétrons Mentais, Criações Mentais (Imagens Vivas), Cristalização Mental, Desequilíbrio Mental, Duelo Mental, Elétrons Mentais, Emanações Mentais Fétidas, Energia Mental, Energia Plástica da Mente, Fixação Mental, Fluxo Mental,

Força Mental, Formas Mentais Odiosas, Formas-Pensamentos, Higiene Mental, Ideia-Tipo, Ideias Fixas, "Ideias-Fragmentos", Ideoplastia, Imantação Mental, Indução Mental, Lei do Campo Mental, Leitura Mental, Matéria Mental, MENTAL E MENTE, Mente Divina, Onda Mental, Partícula do Pensamento, Poder Plástico da Mente, Psicanálise, Psicologia Analítica, Psicometria, Química dos Nossos Pensamentos, Radiações Mentais, Síntese Mental, Sintonia Mental, Sugestão, Telementação, Telepatia, Transmissão do Pensamento, Vida Mental.

PENSAMENTO CONTÍNUO
– EDM, 1ª Parte, **6**, **10**, **13**.

PENSAMENTO DIVINO (DO CRIADOR)
V. Mente Divina.

PENSAMENTO DOS DESENCARNADOS
– EVC, **5**, **7**, **8**.

PENSAMENTO E CURA-DOENÇA
– CE, **35**.

PENSAMENTO E LUZ
– NDM, **8**.

PENSAMENTO E TELEVISÃO
– MM, **11**.

PENSAMENTO "FIXO-DEPRESSIVO"
– EDM, 1ª Parte, **12**.
V. Corpo Ovoide, Fixação Mental.

PENSAMENTO, FREQUÊNCIA DO,
– NDM, **5**.

PENSAMENTO MALÉFICO
– ML, **13**. – NDM, **8**.

PENSAMENTO, PROJEÇÃO DO, (DE ENCARNADOS)
– NDM, **8**. – AR, **14**.

PENSAMENTO, REGISTRO CIENTÍFICO DO,
– NDM, Prefácio, **29**.

PENSAMENTO (HUMANO), RESÍDUOS DO,
– OVE, **5**.

PENSAMENTO RETO (NO BEM)
– NL, **16**, **23**, **47**. – ML, **5**. – NDM, **8**, **17**.

PENSAMENTO, VELOCIDADE DO,
– AR, **4**, **5**. – MM, **7**.

PENSAMENTOS DAS LEGIÕES ANGÉLICAS
– MM, **4**.

PENSAMENTOS DESCONTÍNUOS (DOS ANIMAIS)
– MM, **4**.

PENSAMENTOS DIFEREN-CIADOS EM FUNÇÃO DOS SENTIMENTOS
– NDM, 5.
V. Química Mental.

PENSAMENTOS SOMBRIOS DE PARENTES ENCARNADOS
– NL, 27.

PENTECOSTES, DIA DO,
– MM, Prefácio.

PERCEPÇÕES ESPIRITUAIS
– MM, 1. – OM, 15.
V. Gabinete de Auxílio Magnético às Percepções.

PERDÃO
– NL, 30, 39. – OM, 27. – ML, 13. – OVE, 9. – NMM, 7. – LI, 13. – ETC, 6, 31. – NDM, 20, 22. – AR, 10, 17. – EDM, 2ª Parte, 20. – SD, 2ª Parte, 7. – SA, 60. – EVC, 23, 24. – SV, 13. – RV, 22.
V. Justiça Divina, Piedade, Tolerância.

PERFUME
– OVE, 3. – ETC, 8.

PÉRICLES, O ESTADISTA
– LI, 1.

PERIGO
– AC, 8. – RV, 39.

PERISPIRÍTICAS, LESÕES,
– NL, 5. – ML, 11. – NMM, 8. – LI, 17, 18. – NDM, 4, 8, 9. – AR, 2. – EDM, 2ª Parte, 3, 4.
V. Espíritos Mutilados.

PERISPÍRITO (OU CORPO ESPIRITUAL)
– NL, 4. – OM, 49, 50. – ML, Prefácio, 2, 3, 7, 11, 12, 13, 14. – OVE, 19. – NMM, 3, 4, 7, 8, 9, 10, 12, 14, 19. – LI, 2, 4, 5, 6 , 9, 10, 11, 15. – ETC, 3, 5, 12, 20, 21, 28, 29. – NDM, 4, 6, 10, 11, 16, 24. – AR, 3, 4, 7, 13, 15, 16, 19. – EDM, 1ª Parte, 2, 3, 4, 5, 16, 17, 18, 19, 20, 2ª Parte, 1, 3, 4, 5, 15, 19. – MM, 22. – SD, 2ª Parte, 1.
V. Centros Perispiríticos, Vitais ou de Força (ou Chacras), Corpos Ovoides, Doenças e Perispírito, Dor e Impressões em Membro Amputado, Espelho Fluídico, Evolução do Perispírito, Evolução e Corpo Espiritual, Gênese dos Órgãos Psicossomáticos, Linhas Morfológicas dos Desencarnados, Mediunidade e Perispírito, Metamorfose do Perispírito, Peso Específico do Perispírito, Predisposições Mórbidas do Corpo Espiritual, Radiações Luminosas de Desencarnados, Renascimento do Perispírito no Além, Restringimento do Corpo Espiritual, Vestuário dos Espíritos.
(Sinônimos: "Corpo Astral", Corpo Espiritual, Corpo Perispiritual, Corpo Sidéreo, Corpo Sutil, Eidolon, Ka, Mediador Plástico, Organismo Perispiritual, Organismo Sutil, Psicossoma, Somod e Veículo Fisiopsicossomático.)

PERISPÍRITO, DENSIFICAÇÃO DO, (METAMORFOSE)
– LI, **4**. – NMM, **3**. – ETC, **7, 17**. – SD, 1ª Parte, **13**, 2ª Parte, **1**.

PERISPÍRITO DO SELVAGEM
– ETC, **21**.
V. Selvagem Desencarnado.

PERISPÍRITO E MEMÓRIA
– NMM, **3, 19**.

PERISPÍRITO E O "HABITAT" QUE LHE COMPETE
– ETC, **20**.

PERISPÍRITO E REENCARNAÇÃO
– EDM, 1ª Parte, **3**.

PERISPÍRITO, IRRADIAÇÃO LUMINOSA DO,
– OM, **15**. – OVE, **3, 9, 19**. – LI, **5**.
V. Radiações Luminosas de Desencarnados.

PERISPÍRITO MONSTRUOSO DE ENCARNADO
– LI, **10**.

PERISPÍRITO, PERDA DO GOVERNO DA FORMA DO,
– ML, **13**. – LI, **6**. – ETC, **29**. – AR, **3**. – EDM, 1ª Parte, **12**.
V. Corpos Ovoides.

PERISPÍRITO, PERDA TOTAL DO,
– LI, **6**.

PERISPÍRITO, PLASTICIDADE DO,
– LI, **4**. – ETC, **13**. – AR, **4**.

PERISPÍRITO, RESSURGIMENTO DO, (NO ALÉM)
– OM, **20**.

PERMANÊNCIA NA ESPIRITUALIDADE
– EDM, 2ª Parte, **18**.
V. Reencarnações (Intervalos das,).

PERSEGUIÇÃO
– AC, **39**. – NDM, **14**.

PERSEGUIDORES INCONSCIENTES
– OVE, **2**.
V. Antipatia.

PERSEVERANÇA
– NL, **16, 32**. – OVE, **11**. – NMM, **2**.

PERSONALIDADE
– NMM, **11**. – NDM, **3, 17**. – EVC, **11**.
V. Dupla Personalidade, "Eu", Psicanálise, Psicologia.

PERSONALISMO
– ML, **18**. – OE, **23**.
V. Egoísmo.

PERTURBAÇÕES MORAIS E DESEQUILÍBRIOS MENTAIS
– MM, **24**.
V. Doenças e Vícios da Mente (Desregramentos Morais).

PERVERSIDADE
– OVE, **4**. – NMM, **3**.
V. Delinquência, Gênios Cruéis, Psicose Perversa.

PESADELOS (DE DESENCARNADOS E ENCARNADOS)
– NL, **27**, **29**. – OM, **23**. – ML, **8**, **13**. – OVE, **15**. – NMM, **10**. – ETC, **5**, **9**, **14**.
V. Obsessão e Obsessores, Sonho.

PESO ESPECÍFICO DO PERISPÍRITO
– ETC, **20**. – EDM, 1ª Parte, **13**.
V. Perispírito (Densificação do,).

PESQUISA INTELECTUAL
– NL, **25**, **31**. – OM, **10**. – ML, **10**.

PESQUISAS DO FENÔMENO MEDIÚNICO
– NL, **43**. – OM, **45**.
V. Mediunidade e Ciência.

PESSIMISMO
– SA, **59**.
V. Otimismo.

PETARDOS MAGNÉTICOS
– OVE, **4**.
V. Armas (no Plano Espiritual).

PIEDADE
– SA, **36**.
V. Amor, Caridade.

PIGMEUS
– LI, **4**.
V. Inteligência Sub-Humana.

PINEAL (GLÂNDULA)
V. Epífise.

PINTURA (TELA)
– OM, **16**. – SD, 2ª Parte, **9**.
V. Arte.

PLANCY, COLLIN DE,
– AR, **4**.

PLANCK, MAX Karl E. Ludwig
– MM, **2**, **3**.

PLANETAS HABITADOS
V. Mundos Habitados.

PLANO DE TRABALHO ESPIRITUAL (EM SESSÃO ESPÍRITA)
– ML, **9**.
V. Sessão Espírita.

PLANO DIVINO (PROGRAMA DIVINO)
– LI, **2**. – ETC, **1**, **40**.
V. Providência Divina.

PLANO ESPIRITUAL (OU EXTRAFÍSICO)
– LI, **1**. – EDM, 1ª Parte, **3**, **13**, 2ª Parte, **7**. – SD, 1ª Parte, **1**. – EVC, **7**, **8**.
V. Esferas Espirituais, Humanidade Invisível (do Planeta), Topografia Astral.

PLANO FÍSICO
– EDM, 1ª Parte, **3**, **13**.
V. Crosta, "Esfera do Recomeço", Região da Neblina, Terra.

PLANO DOS IMORTAIS (SUPERIOR)
– OVE, **3**.
V. Planos Superiores.

PLANO PILOTO DA COLÔNIA ESPIRITUAL "NOSSO LAR"
– CA, desenhos.
V. Cidades no Além, Desenhos da Colônia Espiritual "Nosso Lar".

PLANO PARA REENCARNAÇÕES INCOMUNS
– ML, **12**.
V. Planejamento de Reencarnações.

PLANOS INFERIORES
V. Esferas Escuras ou Subcrostais, Inferno, Zonas Inferiores do Umbral, Zonas Infernais, Zonas Purgatoriais.

PLANOS SUPERIORES
– NL, **16, 32, 36**. – ML, **4, 20**. – OVE, **3, 20**. – NMM, **2, 3**. – AR, **11**. – CA, desenhos.
V. Esferas Resplandecentes, Plano dos Imortais, Regiões da Mente Pura.

PLANTAS
– AR, **7**. – EDM, 1ª Parte, **5, 13**.
V. Árvores.

PLANTAS EXÓTICAS
– LI, **4**.

PLANTAS MEDICINAIS (FLUIDOS DE)
– NL, **50**. – OM, **40**. – AR, **13**.

PLASMA CRIADOR DA MENTE
– EDM, 1ª Parte, **13**.
V. Mental e Mente.

PLASMA DIVINO (OU FLUIDO CÓSMICO)
– EDM, 1ª Parte, **1**.

PLEXO SOLAR
– OVE, **13**. – NDM, **5**.

PLOTINO
– OVE, **2**.

POBREZA
– NL, **35**. – OM, **36**. – NMM, **19**. – AR, **2**.
V. Riqueza.

PODER MNEMÔNICO
– AR, **7**.
V. Memória, Recuo Mnemônico.

PODER PLÁSTICO DA MENTE
– AR, **6**.
V. Ideoplastia.

PODER RENOVADOR
– OVE, **8**.
V. Evolução Espiritual, Plano Divino.

PODERES INFERNAIS (DAS SOMBRAS)
– ML, **11**. – LI, **1, 2**. – AR, **18**.
V. Obsessão e Obsessores.

POESIA
V. Canções (Letras das)

POLICIAL (PERTURBADO, NO ALÉM)
– LI, 11.
V. Autoridade, Sentinelas.

POLIGAMIA
– EDM, 1ª Parte, 18, 2ª Parte, 10. – SD, 2ª Parte, 10. – EVC, 14.
V. Adultério, Casamento, Ligações Clandestinas Amorosas, Sexo e Matrimônio.

POLÍTICA E POLÍTICOS
– NL, 1. – OM, 11. – OVE, 4. – NMM, 7. – LI, 1. – CE, 10, 12. – OE, 29.
V. Assessores Políticos e Religiosos, Sacerdócio Político, Paixão Política.

POMARES
– NL, 7. – OM, 16.
V. Árvores.

POPULAÇÃO DOS DESENCARNADOS EM TORNO DA TERRA
V. Humanidade Invisível (do Planeta)

PORTA (NO ALÉM)
– NL, 3, 4, 7, 17. – OM, 16. – EVC, 6.

PORTAS FECHADAS PARA OS ESPÍRITOS, NO PLANO FÍSICO
– OM, 34.

PORTO
– NL, 36.

POSSESSÃO
– ML, 18. – OVE, 2. – NMM, 3. – NDM, 9. – SD, 1ª Parte, 8, 11, 12.
V. Fixação Mental, Loucos e Loucura, Médium e Mediunidade, Obsessão e Obsessores, Psiquiatria, Simbiose Espiritual ou Mental, Vampirismo Espiritual.

POSTOS DE SOCORRO
– OM, 15, 16, 29, 30. – OVE, 15. – NMM, 17.
V. Assistência Espiritual.

POTÊNCIAS ANGÉLICAS DO AMOR DIVINO (OU SUBLIMES)
– EDM, 1ª Parte, 3 – MM, 4..
V. Espíritos Angélicos.

PRAIAS, MAGNETISMO PURO DAS,
V. Oceano, Reservatório de Forças.

PRÁTICAS ESTRANHAS AO ESPIRITISMO
– OE, 25.

PRECE
– NL, 2, 3, 7, 14, 17, 26, 28. – OM, 14, 18, 24, 25, 32, 35, 37, 51. – ML, 5, 6, 13, 14, 18, 19, 20. – OVE, 3, 4, 6, 7, 8, 9, 13, 14, 16, 17, 20. – NMM, 1, 7, 20. – AC, 47. – LI, 3, 4, 6, 12, 18. – ETC, 1, 2, 6, 11, 16, 19, 23, 25, 28, 31, 32, 39, 40. – NDM, 2, 7, 17, 20. – AR, 6, 8, 11, 13, 16, 19, 20. – EDM, 2ª Parte, 15. – MM, 4, 22, 25. – CE, 9, 26, 39. – OE,

59. – SD, 2ª Parte, **14.** – DO, **4, 29.** – SA, **47.** – EVC, **22.** – SV, **1, 50.** – EP, **32.**
V. Doenças e Prece, Elementos-Força (das Esferas Mais Altas) e Prece, Intercessão, Invocação, Missa, Onda Espiritual, Pensamento, Pensamento Divino, Sentimento e Prece, Sintonia Espiritual, Socorro Espiritual, Súplica, Transmissão do Pensamento.

PRECE AOS ESPÍRITOS SUPERIORES (SANTOS)
– AR, **11.**

PRECE COLETIVA
– NL, **3.** – OM, **18.**

PRECE DE ADELAIDE
– OVE, **20.**

PRECE DE ALZIRA
– AR, **8.**

PRECE DE AMARO (DESENCARNAÇÃO)
– ETC, **32.**

PRECE DE ANDRÉ LUIZ
– NDM, **30.**

PRECE DE ANICETO
– OM, **51.**

PRECE DE ANTONINA (CASAMENTO)
– ETC, **40.**

PRECE DE CIPRIANA
– NMM, **20.**

PRECE DE EUSÉBIO
– NMM, **1.**

PRECE DE GÚBIO
– LI, **12, 18.**

PRECE DE ISMÁLIA
– OM, **24.**

PRECE DE MORIBUNDO
– OVE, **13.**

PRECE DE SILAS
AR, **13.**

PRECE DE SILVA (ENC.) (INSPIRADA POR CLEMENTINO)
– NDM, **7.**

PRECE DE ZENÓBIA
– OVE, **9.**

PRECE E ATMOSFERA DO RECINTO
– ML, **16**

PRECE E CAPTAÇÃO DE ELEMENTOS-FORÇA
– OM, **24, 25.** – ETC, **31.** – MM, **25.**

PRECE E FRONTEIRAS VIBRATORIAIS DE PROTEÇÃO
– ML, **6, 14, 15.** – OVE, **14.**

PRECE E MEDIUNIDADE
– MM, **25.**

PRECE E RADIAÇÕES LUMINOSAS
– ML, **6, 9.** – NMM, **20.** – ETC, **15.** – NDM, **7.** – AR, **20.**

PRECE E RENOVAÇÃO ÍNTIMA (E EQUILÍBRIO)
– MM, **25**.

PRECE E REQUERIMENTO DE SOCORRO
– SD, 2ª Parte, **10**.
V. Justiça na Espiritualidade.

PRECE EM HORÁRIO PREFIXADO
– NMM, **7**.

"PRECE" (ROGATIVA) MALÉFICA
– OM, **25**. – ETC, **1**.
V. Magia Negra.

PRECE, O PODER DA,
– OM, **25**. – ML, **6**, **19**. – OVE, **6**.
– NMM, **1**. – ETC, **23**, **31**. – AR, **13**. – NDM, **7**, **9**, **17**. – MM, **25**. – SD, 1ª Parte, **8**, **9**. – AV, **7**.

PRECE REFRATADA
– ETC, **1**, **2**.

PRECES DE ALEXANDRE (SREENCARNAÇÃO)
– ML, **13**, **20**.

PRECES DE DRUSO
– AR, **6**, **16**, **20**.

PRECES DE FÉLIX
– SD, 2ª Parte, **7**, **14**.

PRECES, "ESTAÇÕES RECEPTORAS" DE,
– ETC, **1**. – AR, **11**.

PRECES, SELEÇÃO DE,
– NL, **8**.

PRECIPÍCIOS ABISMAIS
– OM, **15**. – AR, **2**, **4**.
V. Zonas Infernais e Purgatoriais.

PRECIPÍCIOS SUBCROSTAIS
– LI, **7**.
V. Esferas Escuras ou Subcrostais.

PRECIPITAÇÃO, CRIME DE,
– OM, **17**.

PREDISPOSIÇÕES MÓRBIDAS DO CORPO ESPIRITUAL
– NDM, **24**. – EDM, 2ª Parte, **19**.
V. Doenças e Perispírito, Doenças Congênitas.

PREGUIÇA
– ETC, **12**. – NDM, **14**.
V. Campos de Repouso, Espíritos Vagabundos, Indolência, Inércia, Ociosidade.

PRÊMIO (NO ALÉM)
– OM, **30**.

PRÊMIOS ÀS CRIANÇAS
– CE, **21**.

PREOCUPAÇÕES
– SV, **25**.

PREOCUPAÇÕES EXCESSIVAS E DOENÇA
– ML, **7**.

PREPARAÇÃO DE COLABORADORES
– OM, **2**.

V. Assistência Espiritual, Cursos de Espiritualidade, Estudantes do Espiritualismo, Grupo de Estudos Espiritualistas, Orientação Espiritual, Trabalho dos Espíritos.

PREPARAÇÃO DA VOLTA À ESPIRITUALIDADE (NA VELHICE)
– AR, **7**.
V. Morte, Velho e Velhice.

PRESENÇA ESPIRITUAL E LEMBRANÇA (DE ENCARNADO)
– SD, 2ª Parte, **11**, **13**. – EVC, **19**, **21**, **25**.

PRESENÇA ESPIRITUAL INVISÍVEL, NO ALÉM
– NL, **36**, **40**.

PRESENTES, OFERTA DE,
– SV, **32**.

PREVISÃO DO FUTURO
– OVE, **17**.
V. Revelações do Futuro e do Passado.

PRINCÍPIO CIENTÍFICO DE LIBERTAÇÃO DO SER
– NMM, **4**.
V. Amor, Compreensão, Fraternidade.

PRINCÍPIO INTELIGENTE OU ESPIRITUAL (OU MÔNADA FUNDAMENTAL)
– EDM, 1ª Parte, **3**, **4**, **5**, **6**, **7**, **14**.

PRINCÍPIO VITAL
– EDM, 1ª Parte, **13**. – MM, **10**.
V. Corrente Mental Humana (ou Fluxo Mental), Corrente Mental Sub-Humana, Fluido Carnal (Humano), Resíduos Vitais.

PRINCÍPIOS INTELIGENTES RUDIMENTARES (CÉLULAS)
– EDM, 1ª Parte, **5**.

PRINCÍPIOS MENTAIS
– OVE, **6**.

PRINCÍPIOS REDENTORES
– AC, **2**. – SV, **31**.
V. Redenção, Resgate.

PRINCÍPIOS SUBATÔMICOS
– NDM, **17**.
V. Átomo.

PROBLEMAS AFETIVOS
– SV, **37**.

PROBLEMAS PESSOAIS
– NDM, **15**. – SA, **27**. – BA, **24**.
V. Obstáculos.

PROCESSO CIVIL (NO ALÉM)
– AR, **6**. – SD, 2ª Parte, **10**, **14**.
V. Justiça na Espiritualidade.

PROFECIAS
– CE, **40**. – RV, **29**.
V. Futuro da Humanidade.

PROFISSÃO
– SV, **18**.
V. Vocação.

PROFISSIONAIS, AMPARO AOS,
– AR, **10**.
V. Médicos Terrenos.

PROFISSIONALISMO RELIGIOSO
– CE, **18**.

PROFITENTES DE OUTRAS RELIGIÕES (OS ESPÍRITAS E OS,)
– CE, **23**.
V. Católicos Romanos, Protestantes.

PROJÉTEIS ELÉTRICOS
– OM, **20**.
V. Armas.

PROMESSAS (DE DEVOTOS)
– OVE, **2**. – OE, **51**.

PRONTO-SOCORRO ESPIRITUAL (NO ALÉM)
– OVE, **6**.
V. Assistência Espiritual, Socorros Espirituais Urgentes na Terra.

PROPAGANDA ESPÍRITA
– CE, **13**. – OE, **37**.

PROPRIEDADES (NA TERRA E NO ALÉM)
– NL, **21, 22, 30**. – AR, **7**. – EVC, **22**. – SA, **32**.

PRORROGAÇÃO DA VIDA FÍSICA
– ML, **7**. – OVE, **11, 13, 17, 19**.
– SD, 1ª Parte, **8, 14**, 2ª Parte, **1,**

9, 13. – EVC, **22**.
V. Desencarnação (Data da,).

PROSTITUIÇÃO E PROSTITUTAS
V. Meretrizes.

PROTESTANTES (DAS IGREJAS REFORMADAS)
– NMM, **15**.
V. Igrejas Protestantes, Profitentes de Outras Religiões.

PROTOFORMA HUMANA
– EDM, 1ª Parte, **3, 7**.

PROTOPLASMA
– ML, **10**. – EDM, 1ª Parte, **3, 7**.
V. Célula, Citoplasma.

PROVAÇÕES
– ML, **16**. – NMM, **16**. – AC, **13, 39**. – ETC, **12**. – NDM, , **2**. – OE, **51, 53**. – SA, **1, 51**. – EV, **12, 30**. – EP, **27**.
V. Aflição, Angústia, Dor, Escolha das Provas, Expiação, Mapa das Provações, Resgate, Sofrimento.

PROVAS PURGATORIAIS
– OM, **48**.

PROVAS RETIFICADORAS
– ML, **13**.

PROVIDÊNCIA DIVINA
– NL, **15**. – ETC, **36**. – AR, **7, 18**.
– BA, **34**.
V. Assistência Espiritual, Auxílio Divino, Bondade Divina, Crédito Espiritual, Deus, Dor (Sofri-

mento Físico eou Moral), Expiação, Justiça Divina, Karma, Lei de Causa e Efeito, Merecimento, Plano Divino, Provações, Semeadura e Colheita, Sofrimento, Vontade Divina.

PRÓXIMO
– SV, **27**. – RV, **9**. – AV, **6**.
V. Relacionamento Comum.

PSICANÁLISE
– OM, **38**. – OVE, **2**. – NMM, **8**, **11**. – LI, **16**. – EDM, 1ª Parte, **18**.
V. Análise Mental, Arquivos Mentais, Atividades Reflexas do Inconsciente, Complexo de Édipo, Dupla Personalidade, Fixação Mental, Formas-Pensamentos, Freud, Hipnose, Medicina da Alma, Pensamento, Personalidade, Psicologia Analítica, Psicoterapia, Psiquiatria, Sexo e Sexologia, Sonho.

PSICOFONIA CONSCIENTE (OU INCORPORAÇÃO)
– ML, **16**. – NDM, **6**.

PSICOFONIA NO PLANO ESPIRITUAL
– OVE, **9**.

PSICOFONIA SONAMBÚLICA (OU INCONSCIENTE)
– NDM, **8**.

PSICOGRAFIA
– ML, **1**. – NMM, **9**. – NDM, **15**, **16**.
V. Médium e Mediunidade.

PSICOLOGIA
– EDM, 1ª Parte, **4**.

PSICOLOGIA ANALÍTICA
– NMM, **11**.
V. Psicanálise, Psiquiatria.

PSICOLOGIA INFANTIL
– AR, **15**.

PSICOMETRIA
– NDM, **26**. – MM, **20**.
V. Médium e Mediunidade.

PSICONEUROSE
– EDM, 1ª Parte, **14**, **18**, 2ª Parte, **8**.
V. Neurose.

PSICOPATAS
– OVE, **2**. – MM, **24**.

PSICOSCÓPIO
– NDM, **2**, **3**.
V. Aparelhos.

PSICOSE
– OVE, **2**. – NMM, **12**, **13**. – AR, **9**. – EDM, 1ª Parte, **18**. – MM, **24**. – SD, 1ª Parte, **11**. – EVC, **16**.
V. Psiquiatria.

PSICOSE NA INFÂNCIA E NA JUVENTUDE
– NMM, **16**.

PSICOSE SENIL
– NMM, **16**.

PSICOSFERA (OU HALO PSÍQUICO)
– AR, **5**. – EDM, 1ª Parte, **13**.
V. Aura.

PSICOSSOMA
(OU PERISPÍRITO)
V. Perispírito.

PSICOTERAPIA E
MEDIUNIDADE
– EV, **31**.
V. Higiene Mental.

PSICOTERAPIA NO ALÉM
– OVE, **5, 6, 7**. – EVC, **16**.
V. Análise Mental, Diálogos Terapêuticos, Escola Contra o Medo, Medicina da Alma (Espiritual), Renovação Mental.

PSIQUIATRIA
– OVE, **2**. – NMM, **1, 7, 8**. – NDM, **22**. – SD, 2ª Parte, **13**. – EVC, **9**.
V. Alucinação, Análise Mental, Analista, Arquivos Mentais, Charcot, Choque Elétrico e Insulínico, Ciência, Complexo de Culpa, Complexo de Inferioridade, Cristalização Mental, Débil Mental, "Delírio Psíquico", Demência, Desequilíbrio Espiritual, Desequilíbrio Mental, Desobsessão, Doenças e Vícios da Mente (Desregramentos Morais); Doenças Físicas, Mentais, Psíquicas e da Alma; Doenças Psíquicas (Mentais), Dupla Personalidade, Epilepsia, Esquizofrenia, Fascinação Hipnótica, Fixação Mental, Flagelação Mental, Fobia, Freud, Higiene Mental, Hipnose, Histeria, Hospital Psiquiátrico (na Terra e no Além), Ideias Fixas, Imantação Mental, Instituto de Psiquiatria Protetora, Leitura Mental, Lombroso, Loucos e Loucura, Medicina da Alma, Médicos Espirituais, Médium e Mediunidade, Mental e Mente, NarcoAnálise, Neurastenia, Neurose, Obsessão e Obsessores, Paralelismo PsicoFísico, Paranoia, Personalidade, Possessão, Psicanálise, Psicologia Analítica, Psiconeurose, Psicopatas, Psicose, Psicoterapia e Mediunidade, Psicoterapia no Além, Puysegur, Reflexos Psíquicos (Condicionados), Sonoterapia, Subconsciente, Superconsciente, Vida Mental, Vampirismo Espiritual.

PSIQUIATRIA E OBSESSÃO
– ML, **18**. – NMM, **16**. – EDM, 1ª Parte, **14**.

PSIQUISMO
– LI, **11**. – NDM, **1**.

PULMÕES
(DO PERISPÍRITO)
– NL, **1**.
V. Respiração dos Espíritos.

PULSAÇÃO
(DO PERISPÍRITO)
– OM, **22**.

PURGATÓRIO
V. Umbral, Zonas Purgatoriais.

PURIFICAÇÃO
CONSCIENCIAL
– OVE, **10**.
V. Consciência, Sublimação.

PUYSEGUR, Marquês de Chastenet de
– NMM, **4**.

Q

QUADROS (TELAS)
V. Pintura (Tela)

QUADROS MENTAIS NA PSICOSFERA DOS ENFERMOS
– AR, **5**.
V. Ideias Fixas, Pensamento.

QUADROS MENTAIS PROJETADOS EM TELA
– OVE, **3**.

QUALIDADES E TENDÊNCIAS
– ML, **13**.
V. Evolução Espiritual, Hereditariedade, Tendências.

QUEDA DOS ANJOS
– OVE, **4**.
V. Espíritos Exilados (de Outro Sistema Cósmico), Fracasso Espiritual.

QUÍMICA ESPIRITUAL
– NMM, **4**.

QUÍMICA MENTAL
– NMM, **11**. – ETC, **8**. – NDM, **5**, **19**.
V. Mental e Mente.

QUÍMICA NUCLEAR
– MM, **2**.
V. Átomo.

QUIMIOELETROMAGNÉTICAS ESPECÍFICAS, PROPRIEDADES, (DA MATÉRIA MENTAL)
– EDM, 1ª Parte, **13**.

QUIMIOTACTISMO ELETRO-MAGNÉTICO
– EDM, 1ª Parte, **8**.

QUIMIOTROPISMO
– EDM, 1ª Parte, **8**.

R

RAÇA ADÂMICA
– EDM, 1ª Parte, **19**.

RADIAÇÕES LUMINOSAS DE DESENCARNADOS
– OM, **15**, **24**, **36**. – OVE, **3**, **9**, **19**. – NMM, **2**. – LI, **12**, **13**, **19**, **20**. – ETC, **23**. – NDM, **2**, **5**, **12**, **15**, **30**. – AR, **2**, **6**, **7**, **8**, **10**, **12**. – SD, 1ª P, **2**, 2ª Parte, **7**, **14**. – EVC, **12**.
V. Luzes Espirituais.

RADIAÇÕES LUMINOSAS DE ENCARNADOS
– OM, **34**, **36**. – ML, **1**. – ETC, **25**. – NDM, **2**, **5**, **9**.

RADIAÇÕES MENTAIS
– ML, **13**. – NMM, **10**. – ETC, **23**. – NDM, **2**. – AR, **19**. – DO, **51**. – MM, **4**. – EVC, **12**.

RADIAÇÕES MENTAIS DESTRUTIVAS (TREVOSAS)
V. Matéria Mental Tóxica (Fulminatória).

RÁDIO
V. Aparelho Radiofônico.

RADIOATIVIDADE
– MM, **2**.

RADIOFONIA, CONDUTA ESPÍRITA NA,
– CE, **16**.
V. Marconi, Aparelho Radiofônico.

"RAIO DO DESEJO" OU "RAIO DA EMOÇÃO"
– EDM, 1ª Parte, **13**.
V. Reflexões de Ideias.

RAIOS CÓSMICOS
– NDM, Prefácio **10**. – MM, **1**.

RAIOS DE CHOQUE
– OVE, **4**. – AR, **3**.

RAIOS DE FLAGELAÇÃO
– AR, **3**.
V. Armas (no Plano Espiritual)

RAIOS DESINTEGRANTES
– AR, **3**.

RAIOS ECTOPLASMÁTICOS OU VITAIS
– NDM, **2**.
V. Armas (no Plano Espiritual).

RAIOS MENTAIS
V. Radiações Mentais.

RAIOS MENTAIS COM OSCILAÇÕES CURTAS, MÉDIAS E LONGAS
– MM, **4**.

RAIOS MENTAIS SUPER ULTRA CURTOS
– MM, **4**.

RAIOS SOLARES
V. Sol.

RAIOS X
– NDM, **12**. – MM, **2**.

"RAPS"
– MM, **17**.

RAZÃO
– LI, **1**. – AR, **7**. – EDM, 1ª Parte, **3**.
V. Inteligência.

REALIZAÇÃO NOBRE
– NL, **7**. – AC, **14, 25**. – OE, **49**.

REBELDIA
– OVE, **8**. – LI, **1**. – AR, **1, 12, 13**.
V. Revolta.

RECEITUÁRIO ESPÍRITA (MEDIÚNICO)
– OM, **46, 47**. – NDM, **16**.
V. Cura.

RECÉM-DESENCARNADOS
– NL, **19, 27, 29, 30, 34**. – OM, **48**. – OVE, **13, 15**. – AR, **18**. – NDM, **21**. – EDM, 2ª Parte, **17**.
– EVC, **23, 24**.

RECLAMAÇÕES
– OM, **2**. – RV, **36**.

RECOMEÇAR, CIÊNCIA DE,
– NL, **25**.

RECONCILIAÇÃO
– NL, **35, 39**. – ML, **13**.
V. Perdão, Princípio Científico de Libertação do Ser.

RECORDAÇÕES DE VIDAS PASSADAS
V. Esquecimento de Outras Vidas, Reencarnação, Memória, Vidas Passadas (Recordações de,) (de Encarnados), Vidas Passadas (Recordações de,) (de Desencarnados).

RECORDAÇÕES DE VIDAS PASSADAS, RISCOS DAS,
– NL, **21**. – ETC, **26**.

RECORDAÇÕES ESPONTÂNEAS DE VIDAS PASSADAS (NO ALÉM)
– AR, **7**.

RECREAÇÃO
V. Lazer.

REDENÇÃO
– ML, **19**. – ETC, **8**.
V. Princípio Científico de Libertação do Ser, Princípios Redentores, Resgate.

REDES LUMINOSAS DE DEFESA
– OVE, **8**.
V. Amor (no Plano Espiritual)

REENCARNAÇÃO
– NL, **8, 15, 16, 46, 47**. – OM, **6,**
10, 14, 30, 38. – ML, Prefácio, **12, 13, 14, 17**. – OVE, **2, 3, 5, 9, 11, 17**. – NMM, **4, 8, 11 , 17, 19**. – LI, **1, 3, 6, 11, 18**. – ETC, **2, 27, 28, 29, 30, 33**. – NDM, **16, 22, 23, 24, 25**, . – AR, **2, 3, 6, 10, 14, 15, 17, 18, 19**. – EDM, 1ª Parte, **7, 12, 19, 20**. – MM, **24**. – SD, 2ª Parte, **9, 10, 11, 13, 14**. – SA, **50**. – EVC, **8, 11, 13, 16, 17, 22, 24, 26**.
V. Ação e Reação, Ação Retificadora, Aleijão de Nascença, Almas Afins, Almas Gêmeas, Almas Irmãs, Antipatia, Arquivo de Memórias e Registros Individuais, Arquivos Mentais, Carma e Cármico, Crianças Problemas, Crianças Retardadas, Desenhos Anatômicos, Dupla Personalidade, Egito (Antigo) e a Reencarnação, "Esfera do Recomeço", Espírito Reencarnante Durante a Gravidez, Esquecimento de Outras Vidas, Evolução e Reencarnação, Ficha de Identificação dos Espíritos, Ficha Psicoscópica, Ficha de Serviço, Fixação Mental, Freud e a Reencarnação, Gabinete de Restringimento, Gabinete Transformatório, Gauleses e a Reencarnação, Gênese dos Órgãos Psicossomáticos, Gregos e a Reencarnação, Hebreus e a Reencarnação, Hereditariedade, Imobilizados no Pretérito, Instituto de Planejamento de Reencarnações, Instituto de Serviço para a Reencarnação, Inversão do Sexo, Justiça

e Justiça Divina, Karma, Lei de Causa e Efeito, Lei do Ritmo, Leis de Recapitulação Genética, Lembrança da Vida Espiritual, Lembrança das Vidas Passadas, Ligações de Resgate, Mapa das Provações (do Destino), Mapas de Formas Orgânicas do Futuro Reencarnante, Miniaturização do Perispírito, Moldes Mentais, Monoideísmo e Reencarnação, Parasitismo e Reencarnação, Plano para Reencarnações Incomuns, Plotino, Processo Civil de Reencarnantes, Recordações de Vidas Passadas (Riscos das,), Recuo Mnemônico, Redução Perispiritual, Reminiscências, Renascimento Malogrado, Resgate, Resgates Coletivos, Restringimento do Corpo Espiritual, Retificação Espiritual, Romanos e a Reencarnação, Semeadura e Colheita, Serviço de Planejamento de Reencarnações, Serviço de Recordações, Sinais de Nascença, Técnico de Reencarnação, Tendências, Vidas Passadas (Loucura e Recordações de,), Vidas Passadas (Recordações de,) (de Encarnados), Vidas Passadas (Recordações de,) (de Desencarnados).

REENCARNAÇÃO DE EMERGÊNCIA
– SD, 2ª Parte, **9**.

REENCARNAÇÃO DE ENFERMOS
– ETC, **9**. – MM, **24**.

REENCARNAÇÃO DE ESPÍRITOS CATEGORICAMENTE INFERIORES (QUASE QUE AUTOMÁTICA)
– EDM, 1ª Parte, **19**.

REENCARNAÇÃO DE ESPÍRITOS PROCEDENTES DE ZONAS INFERIORES
– ML, **13**. – EDM, 1ª Parte, **19**. – AR, **2**. – EVC, **12**.

REENCARNAÇÃO DOS ANIMAIS
– ETC, **29**.

REENCARNAÇÃO E AUTOANÁLISE (DO ENCARNADO)
– SA, **50**.

REENCARNAÇÃO E ENFERMIDADES (SOLICITADAS)
– ML, **12**. – OVE, **2**. – AR, **19**.

REENCARNAÇÃO E EVOLUÇÃO
– EDM, 1ª Parte, **19**.
V. Evolução e Reencarnação.

REENCARNAÇÃO E ÍNDICE DE APROVEITAMENTO
– SD, **9, 10**.

REENCARNAÇÃO E LEI DA HEREDITARIEDADE
– NL, **47**. – ML, **14**. – ETC, **29**. – EDM, 1ª Parte, **19**.
V. Hereditariedade.

REENCARNAÇÃO E MEMÓRIA
– NL, **47, 48**. – ML, **13**.

REENCARNAÇÃO E MOLDES MENTAIS MATERNOS
– ML, **13, 14**. – EDM, 2ª Parte, **13**.

REENCARNAÇÃO E RESTRINGIMENTO DO PERISPÍRITO
V. Restringimento do Corpo Espiritual.

REENCARNAÇÃO EM CONEXÃO COM OS PLANOS INFERNAIS
– AR, **3, 13**. – MM, **16**.

REENCARNAÇÃO, OBJETIVOS DA,
– LI, **19**.

REENCARNAÇÃO PARA ESQUECER O PASSADO, DESEJO DE,
– LI, **17, 18**. – AR, **2**.

REENCARNAÇÃO, PLANEJAMENTO E PREPARATIVOS PARA A,
– NL, **28, 47**. – ML, **12**. – LI, **3**. – ETC, **28**. – AR, **19**. – SD, 2ª Parte, **9**. – EVC, **22**.

REENCARNAÇÃO – ÚNICO REMÉDIO DE ESPÍRITO DOENTE
– ETC, **9, 10, 27, 33**. – AR, **2, 19**. – EVC, **16**.

REENCARNAÇÕES DOLOROSAS
– NMM, **17**. – NDM, **15**.

REENCARNAÇÕES EM MASSA OU PADRONIZADAS
– ML, **12, 13**. – OVE, **11**. – ETC, **28**.

REENCARNAÇÕES ESPECIAIS, INCOMUNS OU SUPERIORES
– NL, **16**. – ML, **12, 13**. – OVE, **5**. – ETC, **28**. – AR, **3**. – EDM, 1ª Parte, **19**.

REENCARNAÇÕES EXPIATÓRIAS, DE RESGATE OU COMPULSÓRIAS (POR MOTIVOS JUDICIAIS)
– NL, **5, 46**. – ML, **12**. – OVE, **5, 6**. – NMM, **20**. – LI, **7, 18**. – NDM, **25**. – AR, **2, 3, 6, 14, 19**. – MM, **24**. – SD, 2ª Parte, **9, 11**.

REENCARNAÇÕES, INTERVALOS DAS,
– NL, **39**. – OVE, **3**. – EDM, 2ª Parte, **18**.

REFLEXÃO, IMPORTÂNCIA DA,
– MM, **12**.
V. Autoanálise, Meditação.

REFLEXO, ATO,
– EDM, 1ª Parte, **4**.

REFLEXO CONDICIONADO DE PAVLOV
– NMM, **8, 9**. – MM, **12**.

REFLEXOS CONDICIONADOS
– EDM, 1ª Parte, **7**. – MM, **12, 14, 16, 20, 25**.

REFLEXOS INDIVIDUAIS (NA HIPNOSE)
– MM, **13**.

REFLEXOS PSÍQUICOS (CONDICIONADOS)
– MM, **12**.

REFLEXOS-TIPOS
– EDM, 1ª Parte, **9**. – MM, **12**.

REFORMA ÍNTIMA
– OM, Prefácio, **9**. – ML, **2, 3, 5, 19**. – NMM, **2, 8**. – AC, **40**. – LI, **1, 11, 20**. – NDM, **15**. – MM, **11**. – OE, **1, 29, 33, 39**. – SD, 2ª Parte, **6, 9**. – SA, **38**. – EV, **3, 4**, **14**. – EVC, **16**. – SV. – RV. – BA. – EP. – AV.
V. Autoanálise, Sublimação.

REFRIGERANTE
– EVC, **7**.
V. Alimentação dos Desencarnados.

REGIÃO DA NEBLINA
– LI, **18**.

REGIME DE SANÇÕES
– AR, **19**. – SD, 2ª Parte, **9**.
V. Resgate.

REGIÕES DA MENTE PURA
– NL, **24**.
V. Planos Superiores.

REGIÕES PURGATORIAIS
V. Zonas Purgatoriais.

REGIÕES INFERNAIS OU TENEBROSAS
V. Zonas Infernais.

REGRAS MORAIS E SAÚDE
– ML, **2, 18**.

REGRESSÃO DE MEMÓRIA
– NL, **21**. – NMM, **19**. – ETC, **13, 39**. – AR, **10**.
V. Recordações de Vidas Passadas.

REICHENBACH, Barão Karl Von
– LI, **11**.

REINO DIVINO
– LI, **6**.

REINO MINERAL
V. Minerais e Evolução.
– LI, **6**.

REINO VEGETAL, NASCIMENTO DO,
– EDM, 1ª Parte, **3, 4**.
V. Árvores, Servidores do Reino Vegetal (Espíritos), Vegetais e Evolução.

RELACIONAMENTO COMUM
– CE. – SV. – RV. – BA. – EP. – AV.
V. Família, Reforma Íntima.

RELIGIÃO
– NL, **5**. – ML, **4, 19**. – OVE, **5**. – NMM, **2, 7, 15**. – ETC, **11** – NDM, **29**. – EDM, 1ª Parte, **20**. – MM, **25**. – SA, **22, 56, 58**. – EVC, **8**. – AV, **2**.
V. Atividade Religiosa, Educação

Religiosa Deficiente ou Ausente, Ensino Religioso nas Escolas, Escolas Religiosas, Regras Morais e Saúde, Rótulos, Símbolos Religiosos, Sublimação.

RELIGIÃO CÓSMICA DO AMOR E DA SABEDORIA
– NDM, 1, 29. – MM, 26.
V. Nova Era.

RELIGIÃO E JESUS
– EDM, 1ª Parte, 20.
V. Jesus.

RELIGIÃO EGIPCIANA
– EDM, 1ª Parte, 20.

RELIGIÃO ESPÍRITA
– EDM, 1ª Parte, 20. – SA, 56, 58, 70.
V. Espiritismo Evangélico.

RELÓGIO
– OVE, 2, 10. – AR, 4.

REMÉDIOS
– NL, 10, 50. – OM, 17, 22. – OVE, 19. – NMM, 8. – AC, 11. – ETC, 13. – EVC, 5.
V. Cura, Medicina, Medicina da Alma (Espiritual), Receituário Espírita.

REMORSO
– ML, 12. – OVE, 8. – NMM, 4, 8, 12. – LI, 4, 5, 7, 11. – ETC, 3, 14, 23, 33, 34. – NDM, 4. – AR, 1, 3, 4, 5, 9, 15, 16, 20. – EDM, 1ª Parte, 2, 2ª Parte, 14, 19. – SD, 2ª Parte, 1, 2, 4, 5, 7. – EVC, 15, 20, 25.

V. Arrependimento, Complexo de Culpa, "Zona de Remorso".

RENASCIMENTO DO PERISPÍRITO NO ALÉM
– OVE, 13. – EDM, 1ª Parte, 2.

RENOVAÇÃO MENTAL (ÍNTIMA)
– OM, 1. – LI, 1. – MM, 25. – OE, 39.
V. Reforma Íntima, Equilíbrio.

RENÚNCIA
– NL, 16, 36, 46. – OM, 3, 47. – ML, 1, 2, 12, 13. – OVE, 11. – NMM, 11, 7. – AC, 33, 39. – LI, 3. – ETC, 39, 40. – AR, 16. – EDM, 2ª Parte, 11.
V. Abnegação, Caridade, Resignação.

REPOUSO DOS ESPÍRITOS
V. Descanso dos Espíritos.

RESGATE
– NL, 21. – ML, 12, 13. – OVE, 7. – NMM, 4, 7. – ETC, 2, 39. – NDM, 15, 23, 24. – AR, 7, 9, 10, 13, 14, 16, 18. – EDM, 1ª Parte, 11, 2ª Parte, 9. – EVC, 13, 14.
V. Autocondenação, Carma e Cármico, Casamento de Provação ou Resgate, Cassações, Credores, Culpa, Destino, Determinismo, Devedores, Doenças e Carma, Doenças Congênitas, Dor-Expiação, Expiação, Fatalidade, Justiça Divina, Justiça em Esfera Umbralina, Justiça na Espiritualidade, Lei de Causa e Efeito, Obsessão e Obses-

sores, Predisposições Mórbidas do Corpo Espiritual, Provações, Reencarnações Compulsórias, Expiatórias ou de Resgate, Regeneração, Regime de Sanções, Remorso.

RESGATE COM O PAGAMENTO A OUTRAS ALMAS NÃO CREDORAS
– AR, **14**.

RESGATE SOLICITADO PELO ESPÍRITO ENDIVIDADO (CASSAÇÕES)
– EVC, **13**.

RESGATES COLETIVOS
– AR, **18**.

RESIDÊNCIAS
– NL, **8, 17**. – ETC, **8, 9, 20**. – EVC, **7**.
V. Casario, Mobiliário.

RESÍDUOS MENTAIS (DE ENCARNADOS E DESENCARNADOS)
– NL, **12**. – OM, **18**. – OVE, **5**.
V. Matéria Mental, Pensamento.

RESÍDUOS VITAIS
– OVE, **14, 15, 16**.
V. Fluido Carnal (Humano), Fluido Vivo, Princípio Vital.

RESIGNAÇÃO
– OVE, **6**. – EV, **33**.
V. Paciência.

RESISTÊNCIA (PESSOAL)
– NMM, **12**. – AC, **29**. – RV, **2**.

RESISTÊNCIA CONTRA O MAL
– AC, **13, 29**. – EV, **33**. – EP, **24**.
V. Resignação.

RESPIRAÇÃO DOS ESPÍRITOS
– NL, **1, 9, 27**. – OM, **22**. – ETC, **8**.
V. Pulmões (do Perispírito).

RESPONSABILIDADE
– NMM, **11** – AC, **27**. – ETC, **21**.
– EDM, 1ª Parte, **10, 20**. – MM, **19**. – SA, **66**.

RESSENTIMENTO
V. Melindres.

RESTRINGIMENTO DO CORPO ESPIRITUAL
– ML, **13**. – NMM, **4**. – LI, **6**. – ETC, **29**. – EDM, 1ª Parte, **19**. – EVC, **16, 26**. – CA, desenhos.
V. Gabinete de Restringimento.

RETIFICAÇÃO ESPIRITUAL
– OVE, **10**.
V. Câmaras de Retificação.

REUNIÕES ESPÍRITAS
V. Sessão Doutrinária e Mediúnica na Espiritualidade, Sessão Espírita.

REUNIÕES SOCIAIS
– SV, **41**.

REVELAÇÕES DO FUTURO E DO PASSADO
– CE, **40**.
V. Previsão do Futuro.

REVOLTA
– NL, **5**. – OM, **29**. – NMM, **3**,
7, **10**, **16**. – OVE, **8**. – LI, **12**. –
ETC, **33**. – NDM, **5**. – AR, **1**, **5**,
11. – OE, **55**. – SD, 2ª Parte, **4**.
V. Aflição, Cólera, Desespero,
Indignação, Insatisfação, Rebeldia.

RICHET, Charles Robert
– OM, **45**. – ML, **16**.
V. Metapsíquica, Parapsicologia.

RIO AZUL
– NL, **10**.
V. Água.

RIQUEZA
– OM, **36**. – AC, **27**. – LI, **3**. – SD,
1ª Parte, **1**. – EVC, **22**. – EP, **11**,
29.
V. Dinheiro, Propriedades (na
Terra e no Além), Herança.

**ROMANOS E A
REENCARNAÇÃO**
– AR, **1**.

RÖNTGEN, Wilhelme Conrad
– MM, **2**, **3**.

ROSEIRAIS
– OM, **13**.
V. Árvores.

RÓTULOS
– NL, **34**. – OVE, **6**, **7**. – NDM,
13. – EVC, **23**.

ROUPAGEM DOS ESPÍRITOS
V. Vestuário dos Espíritos.

ROUPÃO ECTOPLÁSMICO
– NDM, **11**, **28**.
V. Ectoplasma, Vestuário dos Espíritos.

RUTHERFORD, Ernest
– NDM, Prefácio – MM, **2**.

S

SABEDORIA
– ML, **20**. – OVE, **17**. – NMM, **9**,
20. – ETC, **8**. – NDM, **13**, **16**. –
AR, **7**, **11**.
V. Ciência, Conhecimento, Estudo, Filosofia, Inteligência, Inteligências Divinas ou Angélicas ou
Sublimes.

**SABEDORIA DIVINA (OU
ETERNA)**
– AC, **38**. – AR, **15**. – EDM, 1ª
Parte, **3**. – MM, **4**.
V. Arquitetos da Sabedoria Divina, Deus, Inteligência Eterna
(ou Divina).

SACERDÓCIO DESVIADO
– OM, **7**. – OVE, **6**, **7**.
V. Médium Desviado, Ministros
Religiosos (Revolta no Além
de,).

SACERDÓCIO POLÍTICO
– NL, **43**.
V. Política e Políticos.

SACERDOTES
– ML, **17**. – OVE, **5**, **6**, **7**. – LI,
9. – NDM, **18**.

V. Igreja Católica Romana, Igrejas Protestantes, Padres.

SACERDOTES DO ANTIGO EGITO
– OM, **43**.

SACRIFÍCIO
– NL, **46**. – OM, **9, 29**. – NMM, **7, 15**. – AC, **39**. – LI, **6**. – ETC, **25, 39**. – AR, **19**. – CE, **1**. – SA, **62**. – EVC, **13**.
V. Renúncia.

SACRIFÍCIO DOS ANIMAIS
– ML, **4**.

SALA DE BANHO
– NL, **17**.

"SALÃO NATURAL" ("SALÃO VERDE")
– NL, **32, 37**. – CA, desenhos.

SALÁRIO
– NL, **22**.
V. Bônus-Hora, Dinheiro.

SALMOS
– OVE, **10**. – LI, **20**.
V. Velho Testamento (Textos do,)

SALVAÇÃO
– AR, **1**.
V. Evolução Espiritual, Redenção.

SAMARITANOS, ORGANIZAÇÃO DOS,
– NL, **27, 28, 29, 33, 34**.
V. Assistência Espiritual.

SANGUE DO PERISPÍRITO
– ML, **11**.

SANGUE E FLUIDOTERAPIA
– EDM, 2ª Parte, **15**. – MM, **22**.

SANGUE (DO CORPO FÍSICO) E PERISPÍRITO
– ML, **13**.

SANTUÁRIO DA BÊNÇÃO
– OVE, **2, 3**.

SÃO DINIS, O APÓSTOLO DAS GÁLIAS (QUADRO)
– OM, **16**.
V. Arte, Bonnat, Quadros Vivos.

SÃO FRANCISCO DE ASSIS
– NMM, **9**.

SÃO VICENTE DE PAULO
– NMM, **9**.

SATANÁS
– NL, **34**. – LI, **1**. – AR, **4**.
V. Demônios e Demonismo, Diabo.

SATURNO (PLANETA)
– OM, **33**. – OVE, **3**.

SAUDAÇÕES
– SV, **2**.

SAUDADE
– NL, **33, 46**. – OM, **26**. – OVE, **3, 5, 16**. – LI, **3**. – ETC, **12**. – SD, 1ª Parte, **2**. – EVC, **21**.

SAÚDE
– OM, **13**. – OVE, **16**. – ETC, **5**. – BA, **21, 26**.
V. Cura.

SAÚDE DO ESPÍRITO IMORTAL
– OM, **51**.

SAÚDE E REGRAS MORAIS (LEI DIVINA)
– ML, **2**.

SEDATIVO MAGNÉTICO E MEDICAMENTOSO
– ETC, **19**. – EVC, **5**
V. Magnetismo.

SEDE DOS DESENCARNADOS
– NL, **2, 27**. – OVE, **7**.
V. Fome, Alimentação dos Desencarnados.

"SÉDIA GESTATÓRIA"
– LI, **5**.
V. Liteira.

SEDUÇÃO
– AR, **12**. – SD, 1ª Parte, **7, 8**, 2ª Parte, **4**.
V. Sexo e Sexologia.

"SEGUNDA MORTE"
– LI, **6**.
V. Perispírito.

SEGUNDAS NÚPCIAS
– NL, **38**.
V. Casamento, Casamento na Espiritualidade, Família, Noivado.

SEGURANÇA E IDEAL
– SA, **14**.

SELVAGEM DESENCARNADO
– NMM, **3**. – ETC, **21**. – AR, **1**. –

EDM, 1ª Parte **12**.
V. Espíritos de Ordem Primária, Inteligência Artesanal, Perispírito do Selvagem.

SEMANA DE 48 HORAS DE TRABALHO
– NL, **20, 22**.
V. Jornada de Trabalho, Trabalho.

"SEMENTES DE DESTINO"
– EDM, 1ª Parte, **19**.
V. Resgate.

SEMIMORTOS NO ALÉM (EM SONO PROFUNDO)
– NL, **27**. – OM, **22** a **25**.

SENHORES E SENHORAS DE ESCRAVOS
– NL, **34**. – LI, **7**. – NDM, **8**.
V. Escravidão (Negra).

SENTIDOS FÍSICOS E ESPIRITUAIS
– OM, **15**. – NDM, **26**. – EDM, 1ª Parte, **9**.

SENTIMENTO E PENSAMENTO
– EDM, 1ª Parte, **13**.

SENTIMENTO E PRECE
– NDM, **7**.

SENTIMENTO E SENTIMENTALISMO (CORAÇÃO)
– ML, **8**. – OVE, **13**. – NMM, **2**.

SENTIMENTOS UNIVERSALISTAS
– OM, **25**.

SENTINELAS
– NL, **31**
V. Guardiões das Trevas, Serviço de Guarda.

SEPARAÇÃO DE ENTES QUERIDOS (PELA MORTE FÍSICA)
– NL, **16**.

SEPARAÇÃO ENTRE COMPANHEIROS (OU AMIGOS)
– SV, **38**.

SEPARAÇÃO ENTRE CÔNJUGES ESPIRITUAIS
– EDM, 2ª Parte, **9**.
V. Casamento, Casamento na Espiritualidade.

SÉRIE ESTEQUIOGENÉTICA
– EDM, 1ª Parte, **13**. – MM, **4**.
V. Matéria Quintessenciada (Do Plano Espiritual)

SERENIDADE
– OVE, **13**. – AC, **29**. – ETC, **22**. – RV, **2**.
V. Emoções, Paz (Interior e Ambiente de,).

SERPENTE
– NDM, **17**.
V. Hipnose.

SERVIÇO
– NL, **8, 13, 16, 27**. – OVE, **5**. – SA, **47**.
V. Espíritos Construtores, Ficha de Serviço, Instituto de Serviço para a Reencarnação, Jornada de Trabalho, Plano de Trabalho Espiritual, Servidores, Servidores do Reino Vegetal, Trabalho, Trabalho dos Espíritos.

SERVIÇO DE ASSISTÊNCIA ESPIRITUAL ÀS CAVERNAS
– NMM, **2**.
V. Assistência Espiritual.

SERVIÇO DE ASSISTÊNCIA MÉDICA
– NL, **4**.

SERVIÇO DE GUARDA
– OM, **39**.

SERVIÇO DE PLANEJAMENTO DE REENCARNAÇÕES
– ML, **12**.
V. Mapas de Formas Orgânicas do Futuro Reencarnante.

SERVIÇO DE RECORDAÇÕES (EM "NOSSO LAR")
– NL, **21**.
V. Identificação dos Espíritos (no Além)

SERVIÇOS DE SOCORRO
– OM, **18**.
V. Assistência Espiritual.

SERVIDOR FIEL E AMPARO ESPIRITUAL
– NL, **26**. – OM, **43, 44**. – OVE, **11**. – AR, **16**. – SD, 2ª Parte, **9**.

SERVIDORES (SERVIÇAIS)
– NL, **8, 26, 37**. – OM, **17**.
V. Operários.

SERVIDORES DA ORGANOGÊNESE TERRESTRE
– EDM, 1ª Parte, **6**.

SERVIDORES DO REINO VEGETAL (ESPÍRITOS)
– NL, **50**.
V. Espíritos Servidores da Natureza.

SERVIR
– NL, **25, 26, 27, 28**. – OM, **2, 44 47**. – OVE, **1**. – NMM, **3, 12**. – AC, **41**. – LI, **18, 19**. – ETC, **40**. – NDM, **5**. – AR, **19**. – MM, **14**. – SD, 2ª Parte, **9, 13**. – SA, **16, 64**. – EV, **9**.
V. Caridade.

SERVIR EM EQUIPE, CONDIÇÕES DE,
– OM, **2**.

SESSÃO DOUTRINÁRIA E MEDIÚNICA NA ESPIRITUALIDADE
– NL, **48**. – OM, **5**. – OVE, **9**. – NDM, **1, 4**. – AR, **3**. – EVC, **8**.

SESSÃO ESPÍRITA
– OM, **43** a **47**. – ML, **1, 3, 4, 5, 10, 16, 17, 18, 19**. – OVE, **12**. – NDM, **2, 4, 5, 6, 7, 8, 9, 10, 11, 12, 13, 16**. – CE, **17**. – MM, **19**. – DO. – AV, **20**.
V. Centros Espíritas, Concentração Mental, Dirigentes de Reuniões Espíritas, Doutrinação e Doutrinador, Evocação de Espírito, Fenômeno Mediúnico, Fluidificação da Água, Magnetismo em Sessão Espírita, Obsessão em Templos Religiosos.

SESSÃO ESPÍRITA FAMILIAR
– LI, **15**.

SESSÃO ESPÍRITA, HARMONIZAÇÃO E PREPARAÇÃO ESPIRITUAL PARA A,
– OM, **43**. – NDM, **2**.

SESSÃO ESPÍRITA, IMPORTÂNCIA PARA OS DESENCARNADOS SOFREDORES DA,
– OM, **48**. – ML, **17**. – NDM, **4, 16**.

SESSÃO ESPÍRITA, UTILIDADE DAS FORÇAS MENTAIS DOS ENCARNADOS NA,
– ML, **17**.

SETAS
– OVE, **8**.
V. Armas (no Plano Espiritual)

SEXO E AMOR
– NL, **18**, AR, **15**. – NMM, **13**. – SD, 2ª Parte, **9**.

SEXO E CORPO ESPIRITUAL
– NMM, **11**. – EDM, 1ª Parte, **18**.

SEXO E DELINQUÊNCIA
– AR, **15, 19**.

SEXO E EQUILÍBRIO (DISCIPLINA)
– ML, **2**, **3**. – SD, 2ª Parte, **9**.
V. Continência Sexual, Abstenção Sexual.

SEXO E ESPIRITUALIDADE SUPERIOR
– EDM, 2ª Parte, **10**, **11**, **12**. – SD, 2ª Parte, **9**.

SEXO E EVOLUÇÃO
– NMM, **11**. – LI, **2**. – EDM, 1ª Parte, **6**, 2ª Parte, **12**. – SD, 2ª Parte, **9**.

SEXO E INFLUENCIAÇÃO INFERIOR
– LI, **2**.

SEXO E INVERSÃO
– AR, **15**.

SEXO E JESUS
– AR, **15**.

SEXO E LOUCURA
– NMM, **11**.

SEXO E MATRIMÔNIO
– ML, **13**. – SD, 2ª Parte, **9**.

SEXO E PENALOGIA
– SD, 2ª Parte, **9**, **10**.

SEXO E SEXOLOGIA
– NL, **5**, **31**, **39**. – OM, **7** . – ML, **2**, **3**, **8**, **12**, **13**. – NMM, **11**. – LI, **2**. – AR, **15**. – EDM, 1ª Parte, **6**, **18**, 2ª Parte, **12**, **16**. – CE, **34**. – SD, 2ª Parte, **9**, **10**. – EVC, **14**. – SV, **45**.
V. Abstenção Sexual, Aborto,

Anticoncepcionais, Bacilos Psíquicos da Tortura Sexual, Centro Genésico da Alma, Complexo de Édipo, Continência Sexual, Jesus e Sexo, Determinação de Sexo no Início da Gestação, Enfermidades do Instinto Sexual, Erotismo, Fecundação Física e Psíquica, Feminilidade, Freud, Gestação Frustrada, Gravidez, Hereditariedade, Hermafroditismo, Homossexuais, Instinto Sexual, Instituto "Almas Irmãs" (de Reeducação Sexual), Intersexo, Inversão do Sexo, Leis da Hereditariedade, Libido, Ligações Clandestinas, Masculinidade, Matrimônio, Meretrizes, Prostituição e Prostitutas, Sonho Lascivo, União de Qualidades, União Sexual, Unissexualidade, Vampirismo Sexual, Viciação Sexual, Volúpia Sexual.

SEXO ENTRE ENCARNADOS (EM SONHO) E DESENCARNADOS
– ML, **8**, **15** .
V. Vampirismo Sexual.

SEXO NA VIDA UNIVERSAL
– ML, **13**. – AR, **15**.

SEXO NOS PLANOS ESPIRITUAIS INFERIORES
– NL, **39**. – ML, **5**. – ETC, **4**. – EDM, 2ª Parte, **10**. – EVC, **14**.
V. Volúpia Sexual (no Além), Vampirismo Sexual.

SEXUAL, BACILOS PSÍQUICOS DA TORTURA,
– ML, **3**.
V. Bacilos Psíquicos ou Larvas Mentais.

SEXUAL, TRAGÉDIA (DA HUMANIDADE)
– ML, **2**.

SIDARTA GAUTAMA (BUDA)
– NMM, **2, 3**.

SILÊNCIO, O VALOR DO,
– OM, **9, 46**. – SA, **47**. – AV, **7**.

SIMBIOSE ESPIRITUAL OU MENTAL
– LI, **12**. – NDM, **9**. – EDM, 1ª Parte, **14**, 2ª Parte, **1**. – MM, **17**.
V. Obsessão e Obsessores, Possessão, Vampirismo Espiritual.

SIMBIOSE ESPIRITUAL DESDE O RENASCIMENTO DO ENCARNADO
– MM, **18**.
V. Obsessão de Nascituros (Embriões e Fetos).

SÍMBOLOS RELIGIOSOS
– AR, **11**.

SIMPATIA
– OVE, **2**. – ETC, **31, 33**. – NDM, **13**. – AR, **6, 10, 18**. – BA, **30**.
V. Afinidade, Antipatia.

SIMPLICIDADE
– NDM, **20**. – SA, **45**.
V. Humildade.

"SINAIS DE NASCENÇA"
– ETC, **30**.
V. Maternidade.

SINCERIDADE
– ETC, **25**.

SINTONIA MENTAL
– LI, **2, 9**. – ETC, **23**. – NDM, **1**. – AR, **10**. – MM, **7, 17**. – SD, **5**. – EVC, **16**.
V. Afinidade, Presença Espiritual e Lembrança (de Encarnado)

SINTONIA MENTAL ENTRE RECÉM-DESENCARNADOS E FAMILIARES ENCARNADOS
– OVE, **16**.
V. Morte (Desencarnação).

SISTEMA SOLAR
– EDM, 1ª Parte, **1**.

SISTEMAS ECONÔMICOS FEUDAIS (NO UMBRAL)
– OM, **20**.
V. Organizações Consagradas ao Mal.

SOBRENATURAL
– CE, **13**.

SOBREVIVÊNCIA DA ALMA
V. Espiritualidade, Imortalidade.

SOCIEDADE
– CE, **9**. – SV, **41, 42**.

SOCORRO ESPIRITUAL (NA TERRA E NO ALÉM)
V. Assistência Espiritual, Pronto-Socorro Espiritual (no Além),

Socorros Espirituais Urgentes na Terra.

SOCORRO MAGNÉTICO DE PROFUNDIDADE (ADIÇÃO DE FORÇA)
– SD, 2ª Parte, **1**.
V. Acupuntura Magnética, Magnetismo Curador, Magnetismo Espiritual.

SOCORROS ESPIRITUAIS URGENTES NA TERRA
– OM, **2**.

SOCORROS MATERIAIS PROVIDENCIADOS PELOS BENFEITORES ESPIRITUAIS
– OM, **7**.

SÓCRATES
– MM, Prefácio.

SOFRIMENTO
– OM, **43, 44**. – ML, **16**. – OVE, **1, 6, 8, 19**. – NMM, **12**. – AC, **39**. – LI, **1, 7**. – ETC, **12, 17, 35**. – NDM, **2, 24**. – AR, **1, 3, 13, 16**. – EVC, **20**.
V. Angústia, Dor, Martírio, Provações, Resgate.

SOL
– OM, **40**. – LI, **1**. – NDM, 1ª Parte, **1**.
V. Universo.

SOL E SAÚDE
– CE, **34**.

SOL VISTO EM OUTROS PLANETAS
– OM, **33**.

SOL VISTO EM OUTROS PLANOS ESPIRITUAIS
– LI, **4, 7**. – NL, **1, 3, 4**. – OM, **1**. – OVE, **6, 10**. – LI, **4, 7**. – ETC, **8**.

SOLARES, ASSISTÊNCIA ESPIRITUAL E RAIOS,
– ML, **7**.

SOLARES, ELEMENTOS (ALIMENTARES)
– NL, **9, 10**.

SOLIDÃO
– NL, **18**. – OM, **26**. – OVE, **13, 16**. – NMM, **13**. – AC, **30, 27**. – AR, **15**. – RV, **3**.
V. Saudade.

SOLIDARIEDADE
– OM, **29**. – AC, **30**. – AR, **10**.
V. Amor, Caridade, Fraternidade.

SOMÁTICO (CORPO OU CAMPO)
– EDM, 1ª Parte, **5**, 2ª Parte, **15**.
V. Corpo Físico.

SOMOD (OU SOMODE)
– EDM, Prefácio.
V. Perispírito.

SONAMBULISMO
– NDM, **10**. – MM, **13**.

SONHO
– OM, **37, 38**. – ML, **8, 11**. – OVE, **9**. – NMM, **5, 10, 13, 19**.

– LI, **6**, **13**. – ETC, **12**, **15**, **16**, **20**, **25**, **37**. – NDM, **12**. – MM, **21**. – CE, **30**. – EVC, **26**.
V. Pesadelos (de Desencarnados e Encarnados), Psicanálise, Sonambulismo, Sono.

SONHO DE DESENCARNADO
– NL, **36**.

SONHO, VISÃO REAL EM,
– ETC, **12**, **25**. – SD, 1ª Parte, **10**, 2ª Parte, **11**. – EVC, **26**.

SONHO LASCIVO
V. Sexo entre Encarnados (em Sonho) e Desencarnados.

SONO ARTIFICIAL (NA HIPNOSE)
– MM, **21**.

SONO ATIVO E PASSIVO
– MM, **21**.

SONO DOS DESENCARNADOS
– NL, **1**, **8**, **24**, **36**. – OM, **21**, **22**, **23**. – OVE, **15**. – AR, **13**. – EVC, **5**, **6**.
V. Múmias Espirituais, Semimortos no Além (em Sono Profundo).

SONO E DESPRENDIMENTO
– EDM, 1ª Parte, **17**.

SONO E INSPIRAÇÃO
– MM, **21**.

SONO FÍSICO (OU NATURAL)
– OM, **37**, **38**. – ML, **8**. – ETC,

15. – NDM, **12**, **24**. – AR, **13**. – EDM, 1ª Parte, **17**. – MM, **21**.
V. Assistência Espiritual durante o Sono Físico, Trabalho Durante o Sono Físico, Obsessão durante o Sono, Obsessão em Templos Religiosos (Sono Provocado).

SONO FÍSICO, LIBERAÇÃO DE IMPULSOS INFERIORES DURANTE O,
– ML, **8**.

SONO PROFUNDO E PROLONGADO NA ESPIRITUALIDADE
V. Múmias Espirituais, Semimortos no Além (em Sono Profundo).

SONO PROVOCADO
– NDM, **16**. – MM, **19**, **21**.

SONO TERAPÊUTICO DO ESPÍRITO (GRAVIDEZ)
– EVC, **26**.

SONOTERAPIA
– EDM, 1ª P, **19**. – SD, 2ª Parte, **13**.
V. Psicoterapia, Psiquiatria.

SONS PERCEPTÍVEIS
– MM, **1**.

SOPRO CURADOR
– OM, **19**, **21**, **22**. – CE, **28**.
V. Passe Magnético.

SOPRO DIVINO (DE JESUS)
– OM, **19**.

SOPRO DO CRIADOR
– OM, **19**. – ETC, **1**.
V. Deus.

SORRISO
– SV, **2**, **39**. – RV, **3**, **37**. – EP, **3**.
– AV, **6**.

SORTE
– CE, **13**.

"SPIRITUS SUBTILISSIMUS" (DE NEWTON)
– LI, **11**.

SUBCONSCIENTE
– OVE, **2**. – NMM, **2**, **3**.
V. Arquivos Mentais, Cérebro, Memória, Psicanálise, Reencarnação, Superconsciente.

SUB-HUMANO, COMPORTAMENTO,
– NMM, **7**.
V. Inteligência Sub-Humana, Selvagem Desencarnado, Tipos Sub-Humanos.

SUBLIMAÇÃO
– ETC, **8**. – NDM, **16**. – AR, **15**.
– MM, **25**.
V. Aperfeiçoamento (Vontade e,), Burilamento, Evangelização, Iluminação Interior, Purificação Consciencial, Reforma Íntima, Regeneração.

SUBMARINO
– NL, **33**.
V. Abastecimento e Reparação de Veículos.

SUBSTÂNCIA ETÉRICA
– OVE, **10**.

SUGESTÃO (ESPONTÂNEA E NA HIPNOSE)
– MM, **13**, **16**. – SA, **26**.

SUICIDA E SUICÍDIO
– NL, **2**, **4**. – ML, **11**. – OVE, **5**, **7**, **19**. – NMM, **16**. – LI, **12**, **17**. – ETC, **9**, **20**, **28**, **33**. – AR, **7**, **12**, **15**. – EDM, 1ª Parte, **16**, 2ª Parte, **17**. – MM, **24**. – EVC **3**, **15**.
V. "Circunstâncias Reflexas"

SUICÍDIO E OBSESSÃO
– ML, **11**.

SUICÍDIO INCONSCIENTE (INDIRETO)
– NL, **2**, **4**. – OVE, **5**, **14**. – AR, **13**, **19**.

"SUJET"
– NDM, **29**. – MM, **13**.
V. Médium e Mediunidade, Hipnose.

SUPERCONSCIENTE
– NMM, **3**.
V. Consciente, Subconsciente, Cérebro.

SUPRA-RENAIS (GLÂNDULAS)
V. Glândulas Endócrinas.

SUPREMO ORIENTADOR DA TERRA
– OVE, **3**.
V. Jesus.

SURDEZ DE DESENCARNADOS
– OVE, **6**.

SWEDENBORG, Emmanuel
– OVE, **1**. – MM, Prefácio.

T

TABAGISMO
– NDM, **15, 28**. – DO, **2**.

TABAGISMO NO ALÉM
– NDM, **15**.

TALES DE MILETO
– MM, **2**.

TALISMÃS E PACTOS
– MM, **14, 25**. – CE, **18**. – OE, **51**.

TÉCNICO EM AUXÍLIO MAGNÉTICO
– ML, **19**.
V. Magnetismo.

TÉCNICOS DO PLANO SUPERIOR
– EDM, 1ª Parte, **10**. – AR, **18**.

TÉCNICOS DA REENCARNAÇÃO
– NL, **47**. – OVE, **9**.
V. Reencarnação.

TÉCNICOS DE SOCORRO ÀS TREVAS
– LI, **4**.

TÉDIO DE QUESTÕES INFERIORES
– OM, **1, 2**.
V. Evolução Espiritual.

TEIMOSIA
– SA, **44**.

TELA TRANSLÚCIDA (CRISTALINA)
V. Câmara Cristalina.

TELECINESIA
– MM, **17**.

TELÉGRAFO MORSE
– AR, **18**.

TELEMENTAÇÃO
– MM, **13**.

TELEPATIA
– NL, **30, 37, 50**. – ML, **7**. – OVE, **7**. – NDM, **19, 23, 24**. – AR, **3**. – SD, 2ª Parte, **12**. – EVC, **8, 14, 18, 19, 25**.
V. Anamnese Telepática de Encarnados pelos Espíritos, Influência Mental dos Encarnados entre si, Influenciação Recíproca entre Familiares Encarnados e Recém-Desencarnados, Leitura Mental, Pensamento.

"TELESTESIA"
– NDM, **26**.
V. Médium e Mediunidade.

TELEVISÃO
– NL, **3, 17, 24**. – AR, **18**.
V. Aparelhos, Espelho Fluídico, Pensamento e Televisão.

"TEMA BÁSICO"
(OU "DESEJO-CENTRAL")
– AR, **8**.

TEMAS IMPORTUNOS
– SV, **29**.

TEMPEROS EXCITANTES
– DO, **2**.

TEMPESTADE MAGNÉTICA
(PRODUZIDA NO ALÉM)
– OM, **18**. – AR, **1**.

TEMPESTADE MAGNÉTICA
SOLAR
– MM, **15**.

TEMPLO CATÓLICO
– LI, **9**. – ETC, **11**. – EVC, **7**.

TEMPLO DA
GOVERNADORIA
– NL, **11**, **42**.

TEMPLO DA MANSÃO
– AR, **3**, **11**.

TEMPLO DA NOVA
REVELAÇÃO
– EVC, **12**.

TEMPLO DA PAZ
– OVE, **1**.

TEMPLO DE CULTO
EXTERNO
– LI, **4**.

TEMPLO DO SOCORRO
(EM "NOSSO LAR")
– ETC, **1**.

TEMPLOS (NA TERRA E NO
ALÉM)
– ML, **8**. – NMM, **2**, **15**. – LI, **3**.
– ETC, **1**, **38**. – AR, **11**. – EVC, **7**,
12. – CA, desenhos.
V. Assistência Espiritual nos
Templos, Igrejas Protestantes,
Centros Espíritas, Organizações
Religiosas Típicas, Templo Ca-
tólico.

TEMPLOS, PATRONOS
ESPIRITUAIS DE,
– ETC, **11**.

TEMPO DA EVOLUÇÃO DAS
ESPÉCIES
– LI, **1**, **2**. – EDM, 1ª Parte, **3**, **6**.
V. Evolução das Espécies.

TEMPO DE VIDA NA TERRA,
QUOTA DE,
– ETC, **33**.

TEMPO (LEIS QUE
REGULAM O,) NO ALÉM
– AR, **4**.

TEMPO, O VALOR DO,
– NL, **17**, **37**. – OVE, **10**. – NMM,
8. – LI, **3**, **18**, **19**. – ETC, **38**. –
NDM, **2**, **25**, **27**. – AR, **10**, **16**.
– EDM, 1ª Parte, **1**. – CE, **38**. –
OE, **57**. – SA, **15**, **25**, **41**. – EVC,
12. – SV, **21**. – EP, **2**. – AV, **4**.
V. Evolução Espiritual e Tempo.

"TEMPOS SÃO CHEGADOS,
OS,"
V. Mundo (Atual Momento do,).

TENDÊNCIAS
– ML, **13**. – NMM, **4**. – AR, **10**.
V. Hereditariedade, Reencarnação, Vocação.

TENTAÇÃO
– NL, **44**. – NDM, **5**. – AR, **7, 17, 18**. – SA, **48**.

TEOLOGIA
– OVE, Prefácio, **1, 5, 6**. – LI, **1**.

TEORIA DE DESCARTES
– EDM, 1ª Parte, **4**. – MM, **2**.

TERAPÊUTICA E AMOR
– OM, **44**.

TERATOLOGIA
– ML, **13**. – AR, **13**.
V. Aleijão de Nascença, Lei de Causa e Efeito.

TERESA D'ÁVILA
– OVE, **1**. – MM, Prefácio.

TERRA (PLANETA)
– NL, **1, 7, 42**. – OVE, **20**. – AR, **1**. – EVC, **8**.
V. Crosta, Plano Físico.

"TERRA DA LIBERDADE"
– EVC, **14**.
V. Plano Espiritual, Umbral.

TERRA, PERÍODO DE TRANSIÇÃO DA, ("SINAIS DOS TEMPOS")
V. Mundo (Atual Momento do,)

"TERRAS DO CÉU"
– NMM, **4**.
V. Mundos (Planetas) Habitados.

TESTEMUNHO
– NMM, **9** . – AC, **32**. – LI, **14**.
V. Exemplo.

THOMSON, Sir Joseph John
– MM, **2**.

TIAGO
V. Apóstolo Tiago.

TIMÓTEO
V. Apóstolo Timóteo.

TIPOS SUB-HUMANOS
– LI, **4**.
V. Inteligência Sub-Humana, Sub-Humano (Comportamento,)

TIRANO DOMÉSTICO
– ML, **16**.
V. Família.

TOLERÂNCIA
– NL, **36**. – OVE, **2**. – AC, **15, 29**. – AR, **19**. – SD, 2ª Parte, **10**. – SA, **60**.
V. Amor, Caridade, Paciência.

TÔMBOLAS
– CE, **11, 18**.
V. Jogos de Azar e Apostas.

TOPOGRAFIA ASTRAL
– NL, **1, 2, 3, 7, 8, 10, 23, 31, 32, 33, 37, 38, 45**. – OM, **15**. – LI, **4**. – CA.
V. Esferas Espirituais, Plano Espiritual.

TORMENTA DE FOGO
– OVE, **10**.
V. Fogo Etérico (Purificador), Flagelação de Espíritos, Tem-

pestade Magnética, "Vastação Purificadora".

TÓXICO
– ML, **19.** – ETC, **12.**– EDM, 2ª Parte, **20.** – CE, **34.**
V. Vício e Viciados.

TRABALHADORES DA SEARA E A AÇÃO DOS OBSESSORES
– LI, **15.**

TRABALHO
– NL, **5, 6, 7, 8, 11, 13, 14, 16, 20, 21, 22, 25, 26, 27, 28.** – OM, **2, 5, 28.** – ML, **9, 11, 12, 13.** – OVE, **12.** – NMM, **3, 4.** – AC, **33, 39, 44.** – ETC, **8, 11, 12.** – NDM, **27.** – AR, **15.** – CE, **8.** – SD, 2ª Parte, **13.** – SA, **1, 16.** – SV, **17, 19.** – RV, **24.** – BA, **21, 39.** – EP, **20, 27, 30.** – AV, **8.**
V. Bônus-Hora, Campos de Repouso, Displicência no Trabalho, Emprego Público e Privado na Terra, Ficha de Serviço, Instituto de Administradores, Jornada de Trabalho, Lei do Trabalho (em "Nosso Lar"), Semana de **48** Horas , Serviço, Servidor Fiel, Servidores do Reino, Servir.

TRABALHO ASSISTENCIAL
– OM, **2.** – EV, **6.**

TRABALHO DOS ESPÍRITOS
– NL, **16.** – OM, **19, 43.** – ML, **7.** – OVE, **5, 12.** – NMM, **3.** – NDM, **14.** – AR, **2, 16.** – EVC, **21.**
V. Assistência Espiritual.

TRABALHO DURANTE O SONO FÍSICO
– ML, **7, 8.**

TRABALHO MÍNIMO
– NMM, **2.**

TRABALHO NOS ABISMOS
– OVE, **9.** – LI, **4, 7.**
V. Samaritanos, Serviço de Assistência Espiritual às Cavernas, Técnicos de Socorro às Trevas.

TRANQUILIZANTE, O MELHOR,
– BA, **44.**

TRANSFIGURAÇÃO (DOS ESPÍRITOS)
– OM, **24.** – ETC, **23.**

TRANSFUSÃO FLUÍDICA
– ML, **1.** – ETC, **29.** – EDM, 2ª Parte, **15.**
V. Passe Magnético, Sopro Curador.

TRÂNSITO
– NL, **10, 11.** – OM, **19.** – EVC, **13.**
V. Veículos, Volitação, Leis do Trânsito.

TRÂNSITO ENTRE AS ESFERAS ESPIRITUAIS
– NL, **32, 33, 36.** – OM, **14.** – LI, **3, 19.** – CA, **4.**

TRANSMISSÃO DO PENSAMENTO
– ETC, **26.**
V. Telepatia, Pensamento.

TRANSPORTE, MEDIUNIDADE DE,
– NDM, 28.
V. Médium e Mediunidade.

TRANSPORTE NO PLANO ESPIRITUAL
– NL, 10, 11, 28, 33. – OM, 19, 33. – AR, 4. – EVC, 21, 26.
V. Veículos.

TRATAMENTO DO PARASITISMO DA ALMA
– EDM, 15.

TRATAMENTO ESPIRITUAL (NA TERRA)
– ETC, 5.

TRATAMENTO MÉDICO NO ALÉM (DE ENCARNADOS E DESENCARNADOS)
– NL, 6, 7. – OM, 10, 19, 21. – ETC, 9. – AR, 16. – EDM, 1ª Parte, 2, 2ª Parte, 19. – EVC, 5, 6, 21.

TREPADEIRAS (FLORIDAS)
– NL, 3.
V. Vegetação.

TREVAS ESPIRITUAIS (INFERNAIS)
V. Zonas Infernais.

TRIBUNA
V. Orador Espírita.

TRIBUNAIS NA ESPIRITUALIDADE
– NMM, 17. – LI, 3, 5. – AR, 18. – EDM, 2ª Parte, 6. – SD, 2ª Parte, 10.
V. Justiça na Espiritualidade.

TRISTEZA
– NMM, 3, 16. – AC, 38. – NDM, 3, 5. – OE, 55.
V. Depressões (Mentais), Desânimo.

U

UMBRAL
– NL, 1, 2, 12, 44. – OM, 3, 15, 33. – NMM, 17. – LI, 4, 7. – AR, 5, 19. – EDM, 2ª Parte, 17. – EVC, 13. – CA, 4, desenhos.
V. Baixo Umbral, Colônias Purgatoriais, Érebo, Esfera Obscura, Hospitais nas Regiões Purgatoriais, Purgatório, Regiões Purgatoriais, Terra da Liberdade, Zonas Purgatoriais.

"UNIÃO DE QUALIDADES"
– ML, 13.
V. Sexo e Sexologia.

UNIÃO ETERNA, COMPROMISSO DA,
– OM, 17.
V. Casamento na Espiritualidade, Almas Gêmeas.

UNIÃO SEXUAL
– ML, 13.
V. Sexo e Sexologia.

UNIDADE DE PLANO DO UNIVERSO
– MM, 4.

"UNIDADES-FORÇA" (OU "HORMÔNIOS PSÍQUICOS")
– ML, 2.

UNISSEXUALIDADE
– EDM, 1ª Parte, **18**.
V. Sexo e Sexologia.

UNIVERSO
– NMM, **2**. – LI, **1**. – ETC, **39**. –
NDM, **1**, **13**. – AR, **4**, **15**. – EDM,
1ª Parte, **1**. – MM, **4**.
V. Amor Universal, Deus, Fluido
Cósmico, Galáxia (Via Láctea),
Mundos (Planos Vibratórios),
Mundos Habitados, Nebulosas
Intergaláticas, Sol, Unidade de
Plano do Universo, Vácuo.

**UNIVERSALIDADE, VISÃO
DA,**
– OM, **43**. – NMM, **2**.

USO (E ABUSO)
– EV, **7**

USURÁRIO
V. Avareza.

USUÁRIO DA CULTURA
– LI, **5**.
V. Escritores de Má-Fé.

ÚTIL
– EP, **1**.

V

VÁCUO
– NL, **44**.
V. Fluido Cósmico.

VAIDADE
– NL, **14**, **19**, **20**. – OM, **2**, **44**. –

SD, 1ª Parte, **5**. – SA, **44**.
V. Egoísmo.

VAMPIRISMO ESPIRITUAL
– NL, **31**. – ML, **4**, **6**, **11**. –
OVE, **18**. – NMM, **14**. – LI, **4**,
9. – ETC, **5**, **23**. – NDM, **6**, **13**.
– EDM, 1ª Parte, **15**. – MM, **15**,
16. – SD, 1ª Parte, **6**, **8**, 2ª Par-
te, **8**.
V. Espíritos dos Sepulcros, Es-
píritos Embriagados, Espíritos
Fumantes, Fascinação Hipnó-
tica, "Infecções Fluídicas", Ob-
sessão e Obsessores, "Parasitas
Ovoides", Parasitismo Espiri-
tual, Possessão, Psiquiatria e
Obsessão, Vício e Viciados.

VAMPIRISMO SEXUAL
– ML, **3**, **15**. – SD, 1ª Parte, **1**,
3, **4**, **8**, **13**, 2ª Parte, **4**, **8**, **11**. –
EVC, **19**, **20**.
V. Sexo entre Encarnados (em
sonho) e Desencarnados, Sexo
nos Planos Espirituais Inferio-
res, Viciação Sexual, Volúpia Se-
xual (no Além).

**VASOS (DE SUBSTÂNCIAS
MEDICAMENTOSAS)**
– OM, **21**.

**"VASTAÇÃO
PURIFICADORA"**
– AR, **5**.
V. Flagelação de Espíritos.

VEGETAÇÃO
– NL, **7**, **10**, **32**. – LI, **4**, **7**.
V. Árvores.

VEGETAIS E EVOLUÇÃO
– NMM, **3**. – EDM, 1ª Parte, **3**,
6. – MM, **10**.

**VEÍCULO
FISIOPSICOSSOMÁTICO
OU CORPO FÍSICO**
– EDM, 1ª Parte, **1, 3, 5, 7, 12,
13, 15, 16**, 2ª Parte, **19**. – MM,
22.
V. Corpo Físico.

**VEÍCULO PERISPIRÍTICO
OU PERISPIRITUAL**
– V. Perispírito.

**VEÍCULOS (CARROS E
MÁQUINAS VOADORAS)**
– OM, **19, 33**. – SD, 2ª Parte, **14**.
– EVC, **7, 13, 18, 21, 26**.
V. Aeróbus, Carruagem, Carruagem Voadora, Trânsito, Trânsito entre as Esferas Espirituais,
Transporte no Plano Espiritual,
Volitação.

**VEÍCULOS MOVIDOS À
ELETRICIDADE
(ELETROMAGNETISMO)**
– OM, **19, 33**.

VELHO E VELHICE
– OVE, **9**. – NMM, **16**. – LI, **5,
13**. – AR, **7**. – SD, 1ª Parte, **5,
9**. – EV, **26**. – RV, **35**.
V. Madureza Física.

**VELHO TESTAMENTO,
TEXTOS DO,**
"Não COBIÇARÁS a casa de teu
próximo (...)"
– NL, **39**.

"DECÁLOGO recebido mediunicamente por Moisés"
– NMM, **9**. – EDM, 1ª Parte, **20**.

"DEUS soprou e o homem foi
feito alma vivente."
– OM, **19**.

"Não terás outros DEUSES
diante de mim."
– OVE, **19**.

"HONRARÁS teu pai e tua
mãe."
– ETC, **6**.

"Mulher de LOT convertida em
estátua de sal"
– OVE, **19**.

"Segundo MANDAMENTO"
– LI, **9**.

"A PALAVRA dita o seu tempo
é maçã de ouro em cesto de prata."
– OVE, **2**.

"PROVÉRBIOS de Salomão
(**2:1-5**)."
– OM, **51**.

"QUEDA dos Anjos Luminosos"
– OVE, **4**.

"SALMO **90**"
– LI, **20**.

"SALMO **104**"
– OVE, **10**.

"No princípio era o VERBO (...)"
– NL, **37**. – ML, **18**.

VELÓRIO
– OVE, **14**. – CE, **36**. – SD, 2ª

Parte, **5**.
V. Cemitério, Morte.

VENERANDA, MINISTRA,
– NL, **28, 32, 37, 42, 50**. – OM, **12**.

VENTO
– NL, **4, 10, 33, 42**. – OM, **1, 15, 37**. – AR, **1**.

VÊNUS (PLANETA)
– OM, **33**.

VERBO
– OM, **12**. – OVE, **2**. – NMM, **3**. – ETC, **3, 22**. – SD, 2ª P, **11**.
V. Palavra.

VERDADE, A,
– NL, **1**. – ML, **8**. – ETC, **34**. – NDM, **29**. – OE, **43**. – SD, 2ª Parte, **11**. – SA, **4, 29**.

VERDADE, FALAR A,
– ML, **11**. – ETC, **26**. – EVC, **26**. – SV, **33, 47**.

VERDUGOS DE NAÇÕES
– SD, 1ª Parte, **6**.
V. Administrador, Autoridade.

VERDURAS
– NL, **2**.
V. Vegetação.

VESTUÁRIO DOS ESPÍRITOS
– NL, **3, 4, 15, 22, 28**. – ML, **7, 8**. – OVE, **13**. – NMM, **1**. – NDM, **8, 11**. – AR, **20**. – EVC, **18**.
V. Apresentação dos Desencarnados, Roupão Ectoplásmico.

VIA LÁCTEA
V. Galáxia (Via Láctea).

VIAGEM
– CE, **7**.

VIAGEM INTERPLANETÁRIA
– OVE, **3**.
V. Mundos Habitados.

VIAS PÚBLICAS
– ML, **5**. – OVE, **16**. – CE, **6**. – SV, **10**.

VIAS PÚBLICAS EM CIDADES ESPIRITUAIS
– NL, **8**.

VIAS DE COMUNICAÇÃO ENTRE AS ESFERAS ESPIRITUAIS
V. Trânsito entre as Esferas Espirituais.

VIBRAÇÕES MENTAIS
– NL, **44**. – LI, **3, 16**. – ETC, **20**. – NDM, **1, 3, 10**. – EVC, **16**.
V. Pensamento, Sintonia Mental.

"VIBRAÇÕES COMPENSADAS" (ALIMENTO)
– NDM, **1**.

VIBRAÇÕES DESTRUIDORAS, CAPTAÇÃO DE,
– NL, **4, 44**.
V. Matéria Mental Tóxica.

VICIAÇÃO SEXUAL
– OM, **9**. – ML, **5, 13**. – AR, **19**.

– MM, **18**. – SD, 1ª Parte, **1**. –
EVC, **15**.
V. Vampirismo Sexual.

VÍCIO E VICIADOS
– ML, **4**, **8**, **13**. – OVE, **19**. –
NMM, **17**. – AC, **36**. – NDM, **15**.
– MM, **24**.
V. Alcoolismo, Tabagismo, Tabagismo no Além, Tóxico, Hábitos Infelizes, Vampirismo Espiritual.

VÍCIOS DA MENTE
– OM, **43**. – ETC, **21**. – AR, **3**.

VÍCIOS DE ALIMENTAÇÃO (NO ALÉM)
– NL, **9**.
V. Alimentação Carnívora, Glutonaria.

VIDA
– NL, Apresentação. – AC, **30**, **50**. – ETC, **26**. – NDM, **24**. – EDM, 1ª Parte, **3**, **8**, **17**. – MM, **11**. – SA, **22**, **37**. – EVC, **11**.

"VIDA DE SONHO"
– NDM, **12**.
V. Sonho, Sono.

VIDA EM OUTROS PLANETAS (MUNDOS)
V. Conquistas do Espaço Cósmico, Júpiter (Planeta), Mundos (Planetas) Habitados, Saturno (Planeta), Galáxia.

VIDA ETERNA
– NL, Apresentação.

VIDA NA ESPIRITUALIDADE
– NL. – OM, **28**, **29**. – OVE, **5**, **15**. – NMM, **2**. – EDM, 1ª Parte, **13**, 2ª Parte, **7**. – SD, 1ª Parte, **3**. – EVC, **6** a **17**.
V. Permanência na Espiritualidade, Vida Social dos Desencarnados.

VIDA MENTAL
– NL, **10**. – NDM, **17**. – EDM, 1ª Parte, **4**.
V. Mental e Mente.

VIDA FÍSICA PRORROGADA
V. Prorrogação da Vida Física.

VIDA SOCIAL DOS DESENCARNADOS
– NL, **45**, **50**. – OM, **28**, **29**, **30**, **31**. – NMM, **3**. – EDM, 2ª Parte, **7**. – EVC, **7**.

VIDAS PASSADAS, LOUCURA E RECORDAÇÕES DE,
– OVE, **2**.

VIDAS PASSADAS, RECORDAÇÕES DE, (DE ENCARNADOS)
– OM, **10**. – ML, **12**. – NMM, **4**, **19**. – ETC, **8**, **17**, **39**. – NDM, **22**.
V. Reencarnação.

VIDAS PASSADAS, RECORDAÇÕES DE, (DE DESENCARNADOS)
– NL, **21**, **25**. – OVE, **17**. – NMM, **4**. – LI, **4**. – ETC, **26**. – AR, **2**, **9**, **10**. – EVC, **11**.

VIDAS SUCESSIVAS
– V. Reencarnação.

VIDÊNCIA
V. Clarividência de Encarnados, Clarividência de Desencarnados, Revelações do Futuro e do Passado, Visão dos Espíritos.

VIDÊNCIA PROVOCADA PELOS ESPÍRITOS
– LI, **14**.

VIGILÂNCIA
– AC, **28**. – SA, **61**. – EV, **4**. – EP, **24**.

VILAREJOS NO ALÉM
– EDM, 2ª Parte, **7**.
V. Cidades (Colônias) no Além.

VINGANÇA
– NL, **30**. – NMM, **7**, **18**. – AC, **34**. – LI, **12**. – ETC, **23**, **32**. – AR, **5**. – NDM, **20**. – AR, **10**. – EVC, **14**, **20**.
V. Escola de Vingadores.

VIOLÊNCIA
– ETC, **3**. – NDM, **19**. – EVC, **22**. – SA, **53**.

VIRCHOW, Ludwig Karl Rodolf
– ML, **4**.

VIRTUDE
– AC, **29**. – LI, **2**, **15**. – ETC, **4**. – NDM, **1**.
V. Moral, Sublimação.

VÍRUS
– OVE, **13**. – EDM, 1ª Parte, **3**, **6**.

"VÍRUS FLUÍDICO"
– LI, **17**.
V. Doenças Físicas Provocadas pelos Espíritos, Infecções Fluídicas.

VISÃO DE JESUS
– NL, **32**.
V. Jesus.

VISÃO DOS ESPÍRITOS
– NL, **16**, **31**. – OM, **14**, **15**, **34**. – ML, **1**, **17**. – NMM, **3**, **4**, **10**, **18**. – ETC, **23**. – SD, 1ª Parte, **13**, **14**.
V. Clarividência de Desencarnados.

VISÃO (DOS ESPÍRITOS) DO CADÁVER
– NL, **29**.

VISÃO DOS ENCARNADOS
– OM, **15**. – OVE, **10**. – EDM, 1ª Parte, **9**. – SV, **15**.

VISÃO NO LEITO DE MORTE
– NDM, **21**.
V. Agonia da Morte, Aviso da Morte, Mediunidade no Leito de Morte.

VISÃO PANORÂMICA PÓS-MORTE
– OVE, **13**. – NDM, **21**. – EDM, 1ª Parte, **12**. – EVC, **5**, **6**.
V. Memória, Morte.

VISÕES ÍNTIMAS
– OM, **23**.

VÍSCERAS CADAVÉRICAS E ENTIDADES INFERIORES
– OVE, 15.
V. Cemitério.

VISITADOR DOS SERVIÇOS DE SAÚDE
– NL, 5.

VISITAS FRATERNAS E A DOENTES
– SV, 46, 47, 48.

VÍTIMA
– ML, 11, 18. – OVE, 2. – AR, 8.
V. Assistência Espiritual às Vítimas, Crime e Criminosos, Justiça Divina.

VITÓRIA
– BA, 6.
V. Êxito.

VIVER, SABER,
– OE, 35.

VIZINHOS
– EV, 19.

VOCAÇÃO
– ML, 17. – ETC, 2, 15. – AR, 10.
V. Profissão, Tendências.

VOLITAÇÃO
– NL, 50. – OM, 14, 15, 30, 33, 40. – OVE, 6, 11, 12. – NMM, 17. – LI, 4, 20. – ETC, 8, 37. – NDM, 11. – AR, 10, 13. – EDM, 2ª Parte, 3.

VOLÚPIA SEXUAL (NO ALÉM)
– SD, 1ª Parte, 8. – EVC, 14.

V. Vampirismo Sexual, Sexo nos Planos Espirituais Inferiores.

VÔMITO ESCURO E VISCOSO (NO ALÉM)
– NL, 27.

VON LISZT, Franz
– AR, Prefácio.
V. Crime e Criminosos.

VONTADE
– NL, 7. – ML, 18. – NMM, 2. – LI, 2.– NDM, 9, 15. – AR, 7. – EDM, 2ª Parte, 15. – MM, 11, 16. – SD, 1ª Parte, 6. – SA, 51.

VONTADE DIVINA
– NL, 6. – OVE, 7.
V. Providência Divina.

VOTOS
– OE, 51.

VOZ
– NL, 40. – ETC, 22. – SV, 3.
V. Palavra.

VOZ DIRETA (NA TERRA E NO ALÉM)
– ML, 10. – LI, 20.

W

WILDE, OSCAR
– LI, 10.

X

XENOGLOSSIA
V. Mediunidade Poliglota.

Y

YOUNG, TOMÁS
– MM, **2**.

Z

ZOANTROPIA
– DO, **36**. – AR, **3**.
– V. Licantropia.

"ZONA DE REMORSO"
– EDM, 2ª Parte, **19**.

ZONA MAGNÉTICA DE DEFESA
– OVE, **9**.

ZONAS INFERIORES DO UMBRAL
– NL, **1**.
V. Umbral.

ZONAS INFERNAIS OU TENEBROSAS OU DAS TREVAS
– NL, Prefácio, **12**, **28**, **42**, **44**.
– OM, **3**. – OVE, **2**, **15**. – NMM, **17**. – LI, **1**, **7**. – NDM, **10**. – AR, **1**, **3**, **6**, **7**, **9**, **10**, **11**, **19**, **20**. – EDM, 1ª Parte, **1**, **19**, 2ª Parte, **7**. – MM, **24**. – EVC, **9**, **11**.
V. Agressão das Trevas, Esferas Escuras ou Subcrostais, Inferno, Precipícios Abismais, Precipícios Subcrostais.

ZONAS PURGATORIAIS
– NL, Prefácio, **1**, **2**, **12**. – ML, **12**. – OVE, **1**, **2**, **6**, **8**. – LI, **1**, **2**, **3**, **7**. – ETC, **33**. – EDM, 1ª Parte, **16**, 2ª Parte, **6**. – MM, **24**. – SD, 2ª Parte, **14**. – EVC, **9**, **13**.
V. Precipícios Abismais, Umbral.

IDE | Conhecimento e Edução Espírita

No ano de 1963, Francisco Cândido Xavier ofereceu a um grupo de voluntários o entusiasmo e a tarefa de fundarem um periódico para divulgação do Espiritismo. Nascia, então, o Instituto de Difusão Espírita - IDE, cujos nome e sigla foram também sugeridos por ele.

Assim, com a ajuda de muitas pessoas e da espiritualidade, o Instituto de Difusão Espírita se tornou uma entidade de utilidade pública, assistencial e sem fins lucrativos, fiel à sua finalidade de divulgar a Doutrina Espírita, por meio de livros, estudos e auxílio (material e espiritual).

Tendo como foco principal as obras básicas de Allan Kardec, a preços populares, a IDE Editora possui cerca de 300 títulos, muitos psicografados por Chico Xavier, divulgando-os em todo o Brasil e em várias partes do mundo.

Além da editora, o Instituto de Difusão Espírita também se desenvolveu em outras frentes de trabalho, tanto voltadas à assistência e promoção social, como o acolhimento de pessoas em situação de rua (albergue), alimentação às famílias em momento de vulnerabilidade social, quanto aos trabalhos de evangelização infantil, mocidade espírita, artes, cursos doutrinários e assistência espiritual (passes).

Ao adquirir um livro da IDE Editora, além de conhecer a doutrina espírita e aplicá-la em seu desenvolvimento, o leitor também estará colaborando com a divulgação do Evangelho do Cristo e com os trabalhos assistenciais do Instituto de Difusão Espírita.

idelivraria.com.br

FUNDAMENTOS DO
ESPIRITISMO

1º Crê na existência de um único Deus, força criadora de todo o Universo, perfeita, justa, bondosa e misericordiosa, que deseja a felicidade a todas as Suas criaturas.

2º Crê na imortalidade do Espírito.

3º Crê na reencarnação como forma de o Espírito se aperfeiçoar, numa demonstração da justiça e da misericórdia de Deus, sempre oferecendo novas chances de Seus filhos evoluírem.

4º Crê que cada um de nós possui o livre-arbítrio de seus atos, sujeitando-se às leis de causa e efeito.

5º Crê que cada criatura possui o seu grau de evolução de acordo com o seu aprendizado moral diante das diversas oportunidades. E que ninguém deixará de evoluir em direção à felicidade, num tempo proporcional ao seu esforço e à sua vontade.

6º Crê na existência de infinitos mundos habitados, cada um em sintonia com os diversos graus de progresso moral do Espírito, condição essencial para que neles vivam, sempre em constante evolução.

7º Crê que a vida espiritual é a vida plena do Espírito: ela é eterna, sendo a vida corpórea transitória e passageira, para nosso aperfeiçoamento e aprendizagem. Acredita no relacionamento destes dois planos, material e espiritual, e, dessa forma, aprofunda-se na comunicação entre eles, através da mediunidade.

8º Crê na caridade como única forma de evoluir e de ser feliz, de acordo com um dos mais profundos ensinamentos de Jesus: "Amar o próximo como a si mesmo".

9º Crê que o espírita tenha de ser, acima de tudo, Cristão, divulgando o Evangelho de Jesus por meio do silencioso exemplo pessoal.

10º O Espiritismo é uma Ciência, posto que a utiliza para comprovar o que ensina; é uma Filosofia porque nada impõe, permitindo que os homens analisem e raciocinem, e, principalmente, é uma Religião porque crê em Deus, e em Jesus como caminho seguro para a evolução e transformação moral.

Para conhecer mais sobre a Doutrina Espírita, leia as Obras Básicas, de Allan Kardec: O Livro dos Espíritos, O Evangelho Segundo o Espiritismo, O Livro dos Médiuns, O Céu e o Inferno e A Gênese.

ide ideeditora.com.br

Conheça também as obras de **André Luiz** psicogradas por **Antônio Baduy Filho**

Vivendo a Doutrina Espírita
volume quatro

Vivendo a Doutrina Espírita
volume três

Vivendo a Doutrina Espírita
volume dois

Vivendo a Doutrina Espírita
volume um

idelivraria.com.br

CHICO XAVIER

APOSTILAS DA VIDA

Chico Xavier
Espíritos André Luiz

CIDADE NO ALÉM

Chico Xavier • Heigorina Cunha
Espíritos André Luiz e Lucius

idelivraria.com.br

ide | Conhecimento e Educação Espírita

Pratique o "Evangelho no Lar"

Aponte a câmera do celular e faça download do roteiro do
Evangelho no lar

idelivraria.com.br

Ide é o nome fantasia do Instituto de Difusão Espírita, entidade sem fins lucrativos.

ideeditora   ide.editora   ideeditora